Timo Klein

Jugendkriminalität

Eine Explikation kriminogener Faktoren auf der Grundlage
ausgewählter Kriminalitätstheorien im Bezugsrahmen des
sozialwissenschaftlichen Diskurses, in der Abgrenzung zur
Erwachsenenkriminalität und diesbezüglicher polizeilicher
Handlungsmöglichkeiten

Impressum

Bibliografische Information der Deutschen Nationalbibliothek:
Die Deutsche Nationalbibliothek verzeichnet diese Publikation in der
Deutschen Nationalbibliografie; detaillierte bibliografische Daten sind im
Internet über http://dnb.dnb.de abrufbar.

Herstellung und Verlag: BoD – Books on Demand, Norderstedt

ISBN: 978-3-7494-0767-5

Jugendkriminalität

Eine Explikation kriminogener Faktoren auf der Grundlage
ausgewählter Kriminalitätstheorien im Bezugsrahmen des
sozialwissenschaftlichen Diskurses, in der Abgrenzung zur
Erwachsenenkriminalität und diesbezüglicher polizeilicher
Handlungsmöglichkeiten

Inhaltsverzeichnis

„Erwachsene beschäftigen sich zu wenig mit den Problemen von Jugendlichen, sondern viel mehr mit den Problemen, die Jugendliche ihnen machen."

Ute Ingrid Haas (Kriminologin) aus dem Jahr 2008

1   Einleitung

1.1   Hinführung zum Thema

Die in Form eines Zitats vorangestellte Aussage greift eine Disbalance in der Wahrnehmung und dem Umgang mit jenen Problemfeldern auf, die von jungen Menschen bearbeitet werden. Der angesprochene Ausrichtungsschwerpunkt beschreibt die Gewichtung hin zur Symptombetrachtung, wobei die Äußerung als Apell verstanden auf eine Justierungsnotwendigkeit hinweist, welche durch die Verschiebung der Betrachtungsebene, im Sinne eines eher ursachenbasierten Blickwinkels, zu realisieren ist. Die hier bezeichneten Probleme sind daher als Chiffre eines dichotomen Verständnisses aufzufassen, welches einerseits auf die kriminogenen Faktoren (Ursachen) rekurriert und andererseits mit stärkerer Gewichtung die Symptome in den Blick nimmt, die sich als Ausdruck oder Reaktion auf die Probleme manifestieren und in Form von Jugenddelinquenz oder abweichendem Verhalten wirksam werden.

Die Wahrnehmung der jugendlichen Lebenswelt und die damit verbundenen Problemkreise sind demnach von eminenter Bedeutung. Es dürfte als allgemeingültige Feststellung anzusehen sein, dass die Darstellung eines Themas und dessen Rezeption (Wahrnehmung) zu einem gewissen Teil durch die Medien bestimmt und auch geprägt wird. Christian Scholz (2006, S. 40) kommt diesbezüglich zu nachfolgendem Schluss: „Medien schaffen

Wirklichkeit!" Diese Form der Konstruktion von Wirklichkeit stellt seit Langem den Referenzraum eines breit angelegten wissenschaftlichen Diskurses dar[1], der etwa im Bereich der Kommunikationswissenschaften bzw. sonstiger Sozialwissenschaften zu verorten ist (siehe hierzu auch Schade 2004; Schmidt 1994; Reineck 2018). Einige der nachfolgenden Schlagzeilen bilden einen Ausschnitt des medialen Umgangs mit dem Phänomenbereich der Jugendkriminalität ab:

Jugendliche Intensivtäter immer gefährlicher!
Olaf Wedekind, Bild.de 2017

Eine Generation von Monsterkindern
Kerstin Holm, Frankfurter Allgemeine 2008

Jung und abgebrüht
Florian Fuchs, Süddeutsche Zeitung 2014

Diese Form der Darstellung kann oftmals in Anknüpfung an singuläre Ereignisse - wie etwa öffentlichkeitswirksamer Gewalttaten von Jugendlichen oder jungen Erwachsenen - festgestellt und somit in ihrer Erscheinung als impulshaft beschrieben werden. Eine solche Erregungstendenz wird einerseits bedeutsam dadurch, dass „drastische Einzelfälle, die von Medien breit aufgegriffen werden, wirkmächtige Effekte auf kriminalpolitische Akteure ausüben können" (Dollinger und Schabdach 2013, S. 217) und andererseits in Form von öffentlicher Meinungsbildung. Wolfgang Heinz[2] (2010,

---

[1] In diesem Kontext wird die Medienwirkungsforschung im Gliederungsunterabschnitt 5.2.3 näher erörtert.
[2] Wolfgang Heinz war bis zu seiner Emeritierung im Jahr 2007 Professor für Strafrecht und Kriminologie an der Universität Konstanz.

o. S.) kann hier flankierend verstanden werden, da er die
diesbezügliche Bedeutung der Medien bereits im Jahr 2010 anlässlich
eines Vortrages zur Jugendgewalt mit nachfolgender Feststellung
thematisierte: „Was die Mehrzahl von uns über Kriminalität weiß, ist
‚Wissen' auf der Grundlage einer selektiven, dramatische Einzelfälle
hervorhebenden Berichterstattung in den Massenmedien."[3]

Udo Brahnahl (2012, S. 1) greift den Wirkungszusammenhang
zwischen Medien und Politik mit der „These vom publizistisch-
politischen Verstärkerkreislauf" auf. Die Grundlage dieses Modells
beruhe auf einem Vorwurf von Kriminologen[4], die, von einer
verfehlten Kriminalpolitik ausgehend, hierfür die etwa durch die
Überbetonung von Gewaltdelikten verzerrte mediale Darstellung,
verantwortlich machten (vgl. ebd.). Brahnahl kann diesbezüglich eher
relativierend eingeordnet werden, da er die Annahme, dass die
inhaltliche Ausgestaltung der Kriminalpolitik entscheidend von den
Medien geprägt wird, für naiv hält und deshalb eher von
wechselseitiger Beeinflussung ausgeht (vgl. ebd. S. 3).

Zu seinen Forschungsschwerpunkten gehörten u. a. die
Jugendkriminalität sowie die Sanktions- und Wirkungsforschung (vgl.
Internetpräsenz der Universität Konstanz).

[3] Eine Gegenauffassung vertritt Thomas Hestermann, der auf eine
Langzeitanalyse in Zusammenarbeit mit der Hochschule Macromedia
und dem Kriminologischen Forschungsinstitut Niedersachsen verweist.
Hiernach sei die Annahme einer besonderen medialen Skandalisierung
der Jugendkriminalität und hieraus entstehende kriminalpolitische
Effekte zumindest in Bezug auf die meistgesehenen
Fernsehnachrichten und TV-Boulevardmagazine widerlegt
(vgl. Hestermann 2018, S. 67).

[4] Aufgrund der besseren Lesbarkeit wurde auf die Nennung der
weiblichen Sprachform im weiteren Text verzichtet, gleichwohl sind
jeweils beide Geschlechter gemeint.

Der zuvor thematisierte Konnex zwischen Ereignis und
Berichterstattung legt nahe, dass die Thematik der Jugendkriminalität
zwar ereignisspezifisch und demzufolge temporär angesprochen
wird, jedoch von grundsätzlichem und dauerhaftem öffentlichen
Interesse ist. Zudem kommt eines hinzu, nämlich, dass
„Jugendkriminalität […] häufig auch mit Ausländerkriminalität in
Verbindung gebracht" (Heinz 2016, o. S.) wird und daher der
Thematik im Diskurs um die Flüchtlings- und Migrationspolitik
zunehmend kriminalpolitische Bedeutung zukommt. Den von
Albrecht (2010, S. 369) angesprochenen kriminalpolitischen
Bedrohungsszenarien ‚Ausländerkriminalität', ‚organisierte
Kriminalität' und ‚Terrorismus' könnte in Fortentwicklung des
Gedankengangs die Jugendkriminalität als vierte Komponente
hinzugefügt werden. Das Produkt des bereits angeklungenen
publizistisch-politischen Verstärkerkreislaufs könnte daher die
Verschärfung entsprechender Strafvorschriften als direkte
kriminalpolitische Folge sein, welche so in rechtstatsächlicher Weise
in die Gesellschaft hineinwirkt. „Die Frage nach den Hintergründen
und Antriebsfaktoren der neuerlichen Kriminalpolitik und des
Umbaus des Strafrechts" (Sack 2011, S. 85) wird unter anderem auch
vor dem Hintergrund des medialen Einflusses diskutiert sowie in
diesem Zusammenhang der Begriff des symbolischen Strafrechts
angesprochen (vgl. ebd., S. 86). Hierunter ist die Schaffung
ineffektiven Rechts zu verstehen, das weniger die Ahndung von
Straftaten zum Ziel hat, sondern vielmehr die Reaktions- und
Handlungsfähigkeit des Gesetzgebers unter Beweis stellen soll, um
dadurch soziale Effekte wie etwa die Reduktion des
Unsicherheitsgefühls in der Bevölkerung zu bewirken (vgl. Heinrich
2017, S. 8).

Die Darstellungsintensität medialer Aufarbeitung evoziert demnach
öffentliches Interesse am Themenbereich der Jugendkriminalität.

Öffentlichkeit fungiert zudem als Resonanzraum und Bezugskategorie kriminalpolitischer Betätigung. Aus der beschriebenen Wirkmechanik lässt sich Aktualität und Relevanz ableiten, welche jenes Bearbeitungsinteresse bewirken, dem diese Arbeit nachkommt. Die thematische Präzisierung hinsichtlich einer näheren Untersuchung der kriminogenen Faktoren der Jugendkriminalität und deren etwaige Auswirkungen bzw. Bedeutung in der Erwachsenenkriminalität trägt dem bereits angesprochenen Ungleichgewicht in der Betrachtung von Ursache und Wirkung Rechnung.

Die Betrachtung der polizeilichen Handlungsmöglichkeiten kann insoweit in den Kontext eingepasst werden, als die Polizei insbesondere in den Problembereichen junger Menschen in ihrer Funktion als Institution formeller Kontrolle tätig wird und neben präventiver Arbeit auch im Bereich der Strafverfolgung in Erscheinung tritt. Hierdurch wird Öffentlichkeit generiert und so fügt sich die Polizei als kriminalpolitischer[5] Akteur in den beschriebenen publizistisch-politischen Verstärkerkreislauf ein.

1.2   Fragestellung und Ziel der Arbeit

Der Phänomenbereich der Jugendkriminalität bietet sowohl durch die phänomenologische[6] Varianz als auch aus ätiologischen[7] Gesichtspunkten vielfältige Bearbeitungs- und

---

[5] „Die Bedeutung kriminalpolitischen Handelns besteht [...] in der Wahrnehmung der Aufgabe der [...] Verbrechensbekämpfung, wobei sich entsprechende Aktivitäten nicht nur auf die rein repressiven Bereiche beziehen, sondern vor allem auf den Einsatz auch außerstrafrechtlicher präventiver Maßnahmen" (Schwind 2016, S. 17).
[6] In der Kriminologie wird unter dem Begriff der Phänomenologie die Erscheinungsform der Kriminalität verstanden (vgl. Schwind 2016, S. 8).
[7] Unter dem kriminologischen Begriff der Ätiologie wird die Ursachenforschung der Kriminalität verstanden (vgl. ebd.).

Untersuchungsmöglichkeiten. Vor dem Hintergrund einer zielgenauen wissenschaftlichen Ausrichtung und der strukturierten Bearbeitung ist daher die Formulierung einer passgenauen Fragestellung notwendig. Diese schließt an die Vorüberlegungen und die Beschäftigung mit der Thematik an und soll die Möglichkeit einer fokussierten Bearbeitung eröffnen, sodass sich der Erkenntnisgewinn gleichermaßen aus der Form der Beantwortung der Fragestellung und aus der Antwort selbst ergibt.

Aus einem Vorverständnis über den Untersuchungsgegenstand der Jugendkriminalität, welches sich gleichermaßen aus Alltagswissen und kriminologischen Vorerkenntnissen des Autors zusammensetzt, werden Familie und Schule als solche Sozialisationsinstanzen angesehen, die maßgebliche Verantwortung für den Entwicklungsverlauf junger Menschen tragen und so auch für den Bereich des abweichenden Verhaltens enorme Relevanz besitzen. Dieser Zusammenhang soll über die Beantwortung nachfolgender Forschungsfrage konkretisiert werden:

Inwiefern wirken die Sozialisationsinstanzen Familie und Schule kriminogen?

Eine Betrachtungsebene, die neben Familie und Schule als weitere Einflussgröße im vorgenannten Kontext jugendlichen Fehlverhaltens gelten dürfte, stellt das Freizeitverhalten dar. In diesem Bereich wird insbesondere auf die tägliche Mediennutzung rekurriert, weil sich aus Studien[8] ergibt, dass die durchschnittliche Mediennutzungszeit jugendlicher Personen mehrere Stunden umfasst und der Medienkonsum daher als direkter Wirkungsfaktor anzusehen sein dürfte. Hierzu soll nachfolgende Fragestellung untersucht werden:

---

[8] Siehe hierzu die JIM-Studie, die im Abschnitt 5.2.3 näher thematisiert wird.

Inwiefern lassen sich dem persönlichen Medienkonsum kriminalitätsbegünstigende Wirkungen zuweisen?

Sowohl die Familie als auch der Medienkonsum wirken in der Regel dauerhaft über einen längeren Zeitraum im Lebenslauf auf junge Menschen ein. Vor diesem Hintergrund wird weitergehend überprüft, inwieweit sich die vermutete kriminogene Wirkung als Jugendkriminalität zeigt und sich diese auf die Erwachsenenkriminalität fortschreiben lässt. Die entsprechende Forschungsfrage lautet daher:

Lässt sich aus den kriminalitätsbegünstigenden Eigenschaften der Familie oder des Medienkonsums hinsichtlich der Jugendkriminalität auf die Erwachsenenkriminalität extrapolieren?

Die Polizei ist bereits im Phänomenbereich der Jugendkriminalität als kriminalpolitischer Akteur adressiert worden. Im Weiteren kommt ihr eine Schlüsselstellung im vorgenannten Kontext zu, da sie direkt und als erkennbarer Exponent staatlicher Autorität in den Problemfeldern junger Menschen aktiv wird. Aus diesem Grund sollen die Aufgabenstellung bzw. die polizeilichen Handlungsmöglichkeiten im Lichte der Untersuchungsergebnisse bewertet werden. Hierzu wird auf die folgende Fragestellung Bezug genommen:

Wie kann die Polizei auf die Kriminalitätsbelastung junger Menschen reagieren?

Die vorliegende Arbeit soll als ein wissenschaftlicher Beitrag verstanden werden, der eine möglichst unverstellte Sicht auf den Topos Jugendkriminalität und insbesondere deren Ursachen ermöglicht und als rationaler wissenschaftlicher Impuls kriminalpolitisch einerseits symbolischem Strafrecht entgegenwirkt und andererseits einen adäquaten bzw. sachgerechten Umgang mit dem Thema befördert. Die Arbeit versteht sich ferner als Hilfsmittel und Instrument, das den Blickwinkel auf den Phänomenbereich der Jugendkriminalität ausweiten und diese als vielschichtiges Problemfeld erfassbar machen soll.

1.3 Methodisches Vorgehen und Aufbau der Arbeit

Die Masterarbeit ist als literaturtheoretische Arbeit konzipiert. Die Literaturauswahl ergibt sich aus dem angestrebten Untersuchungsdesign, welches verschiedene Ursachen der Jugendkriminalität kriminologisch bewertet und insbesondere unter Zuhilfenahme der Bezugswissenschaften beleuchtet. Die Gliederung der Arbeit dient als strukturgebendes Grundgerüst der Umsetzung dieses wissenschaftlichen Vorhabens und ist auf die Beantwortung der Fragestellungen im Kontext des Forschungsgegenstands der Jugendkriminalität ausgerichtet. Die einzelnen Kapitel sind in linearer Abfolge und sukzessiv aufeinander aufbauend gruppiert. Hierbei wird dem stofflichen Prinzip gefolgt, welchem bei Pospiech (2017, S. 126f.) ordnungsgebende Funktion bei der Materialauswahl und Überführung in einen wissenschaftlichen Text zugewiesen wird. Vorliegend ist die Materialorientierung, also die stoffliche Ausrichtung in Abgrenzung zu einem rein chronologischen Aufbau, in eine Gliederungsstruktur eingebettet, bei der in deduktiver[9] Vorgehensweise vom Allgemeinen hin zum Speziellen (vgl. ebd.,

---

[9] „Der deduktiv vorgehende Theoretiker geht von einem Bezugssystem, einer Theorie aus und lässt sich in seinen Forschungen von den daraus abgeleiteten Implikationen führen." (Hecht und Desnizza 2012, S. 50) Diese wissenschaftstheoretische Logik deduktiven Vorgehens wird in vorliegender Arbeit modifiziert. In dieser Arbeit bezieht sich die Deduktion auf den lateinischen Wortsinn der Ableitung, die über die allgemeine Definition der Begrifflichkeiten, der Hinzunahme kriminologischer Erkenntnisse, über Ergebnisse empirischer Forschung sowie verschiedener Kriminalitätstheorien hin zur Explikation kriminogener Faktoren realisiert wird.

S. 127) im Lichte der Fragestellungen erörtert und argumentiert wird. Diese Formgebung ermöglicht eine Transferleistung, denn dadurch, dass „sie Positionen nicht nur referiert, sondern auch zueinander in Beziehung setzt, diskutiert und in einen Gesamtzusammenhang einordnet, geht die Literaturarbeit über die rein reproduzierende Darstellung hinaus" (ebd. S. 51).

Dazu sollen unter Einbeziehung des aktuellen Forschungsstandes die rechtlichen, kriminologischen und sozialwissenschaftlichen Anknüpfungs- und Bezugsfelder erhellt werden, um die Jugendkriminalität in ihrer sozialen Dimension sichtbar werden zu lassen. Anhand ausgewählter Kriminalitätstheorien, deren Anwendungskompatibilität und Verknüpfungsmöglichkeit es herauszuarbeiten gilt, sollen unter Anwendung der dargestellten kriminologischen Erkenntnisse kriminogene Faktoren expliziert werden. Der Rekurs auf die Studienlage und die allgemeinen kriminologischen Erkenntnisse erlaubt es Rückschlüsse auf das Entstehen von Jugendkriminalität zu ziehen und einen Abgleich mit der Erwachsenenkriminalität realisierbar zu machen. Die interdisziplinäre Ausrichtung soll dazu führen, dass Wirkungszusammenhänge aufgezeigt und Aussagen zu Entstehungsbedingungen der Kriminalität und Einwirkungsalternativen ermöglich werden. Neben den wesentlichen Sozialisationsinstanzen wird explizit auch der Medienkonsum in den Blick genommen. In diesem Bereich werden besondere Auswirkungen in der Adoleszenzphase vermutet, die durch neuere Medienwirkungsforschung reflektiert und gefasst werden können. Eine gesellschaftswissenschaftliche Perspektive bietet sich deshalb an. Die Soziologie bietet an diesem Schnittpunkt vielfältige und im Sinne des thematischen Bezugs aufschlussreiche Möglichkeiten. Eine sinnvolle Bezugnahme auf die Jugendkriminalität und der entsprechende Erkenntnisgewinn wird vorliegend über die

Anwendung der Sozialraumtheorie bzw. des Habituskonzepts von Pierre Bourdieu sowie der Eliasschen Figurationslehre gewährleistet. Eine weitere Einordnung erfolgt über kriminalsoziologische Darstellungszusammenhänge und über das Bewusstsein der Jugend als Objekt anthropologischer und biologischer Betrachtung. Aufgrund ihrer Struktur und der wechselbezüglichen Verflechtung mit dem sozialen Nahraum können die kriminogenen Faktoren mit individuellen Problemkreisen korrespondieren, auf diese verstärkend einwirken bzw. genuin als eigenständiger Faktor für Kriminalität anzusehen sein. Aus benanntem Begründungsansatz heraus sollen auch kriminalpsychologische, psychopathologische und entwicklungspsychologische Überlegungen angestellt werden.

Abschließend wird die Aufhellung und Bearbeitung der vorgenannten Aspekte von Jugenddelinquenz dazu genutzt, um diese mit dem Handlungsfeld der Polizei als Institution in Beziehung zu setzen. Es werden dadurch Möglichkeiten der Prävention aufgezeigt, das Spannungsfeld von Jugendkriminalität und polizeilichen Handlungsstrategien ergründet und der Einfluss der Polizei auf die Kriminalitätsentwicklung in der Jugendkriminalität beleuchtet.

Die Arbeit generiert einen wissenschaftlichen Mehrwert dadurch, dass sie aus einem ätiologischen Blickwinkel heraus kriminologische Erkenntnisse, Studienlage und diejenigen Kriminalitätstheorien, die aufgrund ihrer Ausrichtung und der jeweiligen Erklärungslogik sinnvolle Anknüpfungsmöglichkeiten an die Jugendkriminalität versprechen, zusammenfasst, verarbeitet und die hieraus entwickelten Erkenntnisse in einem weiteren Schritt durch die Bezugswissenschaften, etwa in Anwendung bzw. Kontextualisierung soziologischer Theorien oder der Psychologie zentriert und hierbei durch die Nutzung des erzeugten *Brennglaseffekts* zu tragfähigen bzw. trennscharfen Erkenntnissen gelangt.

Die vorgenannte Methodik ist so ausgerichtet, dass durch die
Bearbeitung der Forschungsfragen der Phänomenbereich der
Jugendkriminalität eröffnet werden kann. Als Datengrundlage finden
kriminalstatistische Daten aus der Polizeilichen Kriminalstatistik,
empirische Daten aus kriminologischen Erhebungen sowie
Kriminalitätstheorien kontroll- und lerntheoretischen Zuschnitts
Anwendung. Die nachfolgende Darstellung (Abbildung 1) soll die
methodische Ausrichtung und die Umsetzung des
Forschungsprozesses visualisieren.

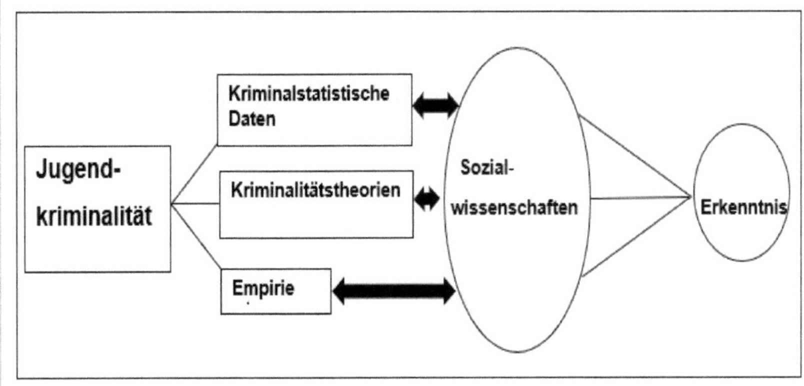

Abbildung 1

Im Folgenden sollen nun die wesentlichen Begriffe definiert werden,
um den Untersuchungsgegenstand erfassbar zu machen und
eindeutige Aussagen treffen zu können.

2 Begriffe und Erläuterungen aus dem Kontext der Jugendkriminalität

2.1 Kriminalität

Kunz und Singelnstein (2016, S. 7) beschreiben die Kriminalität als
„nicht direkt anschaubar oder betastbar", und verweisen erläuternd
darauf, dass sie sich „im common sense des Alltagsverständnisses"
verberge und demzufolge „für eine wissenschaftliche Bestimmung"
die Notwendigkeit der Aufbereitung und Konstruktion gegeben sei
(vgl. ebd.). Vorliegend wird diese Konstruktion und Aufbereitung über
eine definitorische Beschreibung realisiert und so der Versuch
unternommen, die Begrifflichkeit aus dem umgangssprachlichen
Alltagsverständnis zu extrahieren und den Bedeutungsgehalt der
Kriminalität im Sinne dieser Arbeit freizulegen. Aus der Literatur lässt
sich ableiten, dass der Begriff der Kriminalität in der Hauptsache mit
der Kategorie des Strafrechts assoziiert wird (siehe hierzu auch
Schwind 2016, S. 3). Es muss jedoch mitbedacht werden, dass die
Festlegung eines Verhaltens als strafrechtlich relevant, „verhandel-
und veränderbar ist und von der jeweiligen Gesellschaft per
Gesetzgebungsverfahren, Nicht-Anwendung oder Streichung von
Vorschriften [...] definiert wird" (Lüdemann und Ohlemacher 2002,
S. 10). Demzufolge kann das Strafrecht durchaus als
Momentaufnahme und Bewertungskriterium aktueller kultureller
und sozialer Entwicklungen sowie der entsprechenden
gesellschaftlichen Übereinkünfte angesehen werden. Nach Schwind
(2016, S. 3) umfasst der formelle strafrechtliche Kriminalitätsbegriff
diejenigen Handlungen, „die durch ein Strafgesetz mit Strafe bedroht
sind". Es bleibt jedoch darauf hinzuweisen, dass sich durch Impulse
der gesellschaftlichen Fortentwicklung divergierende Positionen,
etwa „zwischen dem Rechtsempfinden breiter Bevölkerungsteile und
dem aktuell herrschenden Strafrecht oder unterschiedliche

Bewertungen einer Straftat bei verschiedenen Tatbeteiligten"
(Suhling und Greve 2010, S. 22), herausbilden können, die eine
nähere Deutung des Kriminalitätsbegriffs notwendig machen.

Schwind beschreibt im Wissen um die dem Zeitgeist geschuldete
Volatilität strafrechtlicher Bewertungen die Suche „nach einem zeit-
und raum- unabhängigen Verbrechensbegriff" (2016, S. 4), die
letztlich in der Definition eines natürlichen Verbrechensbegriffs
mündet und in Form der Einengung des strafrechtlichen
Verbrechensbegriffs einen Kernbereich von Handlungen umreißt, die
unabhängig von kulturellen Eigenbedingungen durch die
Jahrhunderte hindurch als verwerflich angesehen wurden[10] (vgl. ebd.
S. 5). Aus der soziologischen Perspektive hingegen erfährt der
formelle Kriminalitätsbegriff eine Ausdehnung hin zu einem
materiellen Kriminalitätsbegriff, der über den Kernbereich der
Kriminalität und die als strafrechtlich relevant normierten
Handlungen hinausgehend, das sozialabweichende bzw.
unerwünschte, jedoch nicht strafwürdige Verhalten mit einschließt
(vgl. ebd.). Gleichsam kann von einem kriminologischen Blickwinkel
gesprochen werden, da „die Kriminologie einem soziologischen
Verbrechensbegriff (Delinquenz, Abweichung), der vom gerade
geltenden Strafrecht unabhängig ist" (Neubacher 2017, S. 25) folgt.

---

[10] Es handelt sich hierbei um schwerwiegende Delikte wie Mord, Raub
oder Sexualstraftaten, die bei Schwind (2016, S. 5) oder Kunz und
Singelnstein (2016, S. 11) als „delicta mala per se" (bereits aus sich
heraus schlechte Taten, die auch ohne strafrechtliche Normierung ihre
Sozialschädlichkeit erkennen lassen) von den „delicta mala quia
prohibita" (lediglich verbotene Handlung, die nur aufgrund des Verbots
als verwerflich betrachtet wird) abgegrenzt werden. Der natürliche
Verbrechensbegriff ist demnach Kernbestand des strafrechtlichen
Verbrechensbegriffs und daher als Nucleus in Abbildung 2 dargestellt.

Die nachfolgende Abbildung 2 stellt dies einprägsam dar:

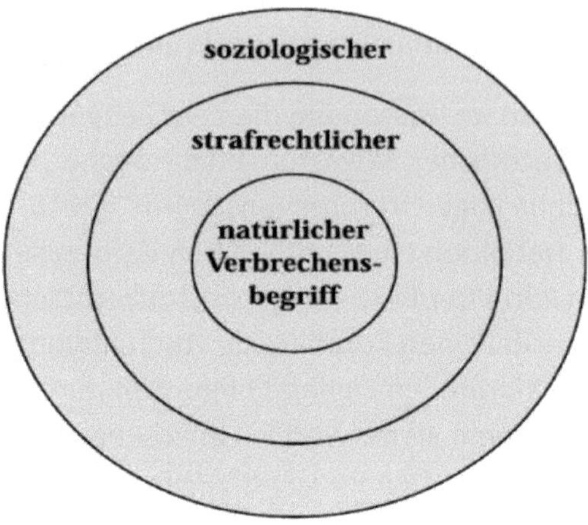

Abbildung 2[11]

Als Leitfaden einer perspektivischen Herangehensweise soll
vorliegender Arbeit der kriminalsoziologische Zugang bzw. die
Standortbestimmung von Lüdemann und Ohlemacher dienen,
wonach es gilt, „den jeweiligen ‚Stand der Dinge' zu untersuchen, wie
er sich aus kodifizierter und gelebter Sicht darstellt" (2002, S. 10).
Hieraus ergibt sich für den Bereich der Jugendkriminalität die
Notwendigkeit einer ganzheitlichen Betrachtungsperspektive, die
einerseits auf strafbewehrte Handlungsweisen rekurriert und

---

[11] Die Abbildung wurde aus Schwind (2016, S. 5) übernommen. Die
Termini Kriminalitätsbegriff und Verbrechensbegriff werden von
Schwind synonym verwandt. Hierdurch soll nicht etwa eine Assoziation
mit dem strafrechtlichen Verbrechensbegriff aus § 12 Strafgesetzbuch
hergestellt werden.

andererseits deren Entstehungsbedingungen, die Vorstufen von Kriminalität und abweichendes Verhalten in den Blick nimmt.

2.2 Jugend

So wie die Kriminalität dürfte auch die Jugend als relativer Begriff aufzufassen sein, der durch Beeinflussung der Bezugsfelder des sozialen und gesellschaftlichen Wandels sowie durch kulturelle und historische Entwicklungen entstand, in der Folge geprägt wurde und daher vor dem Hintergrund des jeweiligen Zeitgeschehens und des wissenschaftlichen Zugangs interpretiert werden muss. Zur Verdeutlichung sei auf Heinz Cornel (2011, S. 455) hingewiesen, der in einer historischen Auseinandersetzung mit dem Erziehungsgedanken im Jugendstrafrecht bemerkte, „dass Erziehung, Jugend und Strafrecht selbst gewordene Phänomene sind, die vor einigen Jahrhunderten nicht nur andere Formen hatten, sondern als solche noch nicht existierten". Erst im Laufe des 19. Jahrhunderts bildete sich der Gedanke einer Kindheitsphase mit der Notwendigkeit eines Schulbesuchs bzw. der verminderten Erwerbstätigkeit heraus. Diese Phase expandierte und entwickelte sich in Anlehnung an das in der zeitgenössischen Literatur beschriebene Bild des Jünglings klassenspezifisch am Ende des Jahrhunderts zu einer Jugendphase (vgl. ebd., S. 464). Diese Sichtweise auf die Herausbildung des Jugendbegriffs wird bei Roland Anhorn (2011, S. 25) gar als „‚Erfindung‘ der Lebensphase ‚Jugend‘" bezeichnet. Dieser Auffassung ist insoweit zuzustimmen, als der Autor die „‘Jugend‘ als eigenständige, von Kindheit und Erwachsenenalter abgegrenzte Lebensphase [ansieht], deren ‚Einzigartigkeit‘ und besondere Bedeutung in spezifischen – eben jugendtypischen – Problemen, Krisen und Herausforderungen begründet ist (die wiederum auf alterstypische, vor allem intraindividuelle physiologische, kognitive, emotionale und soziale Veränderungen zurückgeführt werden

„können)" (ebd. S. 26). Die angesprochene Vulnerabilität wird im Fortlauf der Arbeit mit den Mitteln der kriminologischen Bezugswissenschaften[12] untersucht.

Der Beschäftigung mit dem Thema Jugend und Kriminalität kann überdies eine tiefergehende gesellschaftswissenschaftliche Relevanz zugewiesen werden, weil in Anlehnung an Briesen und Weinhauer (2007, S. 13f.) aus der Analyse Erkenntnisse gewonnen werden, die über den Untersuchungsgegenstand hinausreichen und „der Blick auf Delinquenz als eine Art Sonde fungiert, die über staatlich-gesellschaftliche und kulturelle Entwicklungen informiert" (ebd., S. 14). So kann auch Breuer (1998, S. 169) interpretiert werden, der der Jugend gegenüber der Erwachsenenwelt eine höhere Suggestibilität zuweist und sie als „verschärfend konturierendes Spiegelbild der jeweiligen Gesellschaft" (ebd.) ansieht, sodass dem Untersuchungsgegenstand Jugend des weitrechenden Erkenntnisgewinns wegen soziologisches Interesse zukommt.

Die vorgenannten Bezugsfelder des sozialen und gesellschaftlichen Wandels entfalten ihre Wirkung mithilfe und durch den Prozess der Sozialisation. Jutta Ecarius et al. (2011, S. 9) sehen die Sozialisation als zentralen Prozess an, der die Integration des Individuums in die Gesellschaft beschreibt. Die Sozialisationsprozesse können jedoch nicht ohne Bezug zu Lebenslauf und Lebensphasen bearbeitet werden (vgl. ebd.). Vorliegend wird der Sozialisationsprozess deshalb thematisiert, weil Kriminalität als Folge eines fehlgeleiteten, gehemmten oder anderweitig gestörten Integrationsprozesses des Individuums in die Gesellschaft entstehen kann. Laubenthal (2015, S. 105) etwa beschreibt die „Kriminalität gerade bei jüngeren

---

[12] Als Bezugswissenschaften der Kriminologie gelten das Strafrecht, die Soziologie, die Psychiatrie, die Psychologie und die Ethologie (vgl. Schwind 2016, S. 9f.).

Menschen als eine normale Begleiterscheinung des Sozialisationsprozesses".[13] Aus diesem Begründungszusammenhang heraus ergibt sich die in dieser Arbeit realisierte Betrachtung der Familie und der Schule als wesentliche Sozialisationsinstanzen und Gestalter des Sozialisationsprozesses, insbesondere in Bezug auf kriminalitätsbegünstigende oder protektive Wirkungen. Weiterhin wird der sozialisationstheoretische Ansatz durch die ausgewählten Kriminalitätstheorien dargestellt bzw. in Erörterung der Theorien einer näheren Überprüfung unterzogen.

2.3   Delinquenz und abweichendes Verhalten

Kunz und Singelnstein (2016, S. 26) verweisen auf die „Ablösung der Bezeichnungen ‚Krimineller' und ‚Kriminalität' durch den Begriff des ‚abweichenden' oder devianten[14] Verhaltens. Damit soll von einer einseitig negativen, stigmatisierenden Wertung Abstand genommen und ein unbefangener, sich moralischer Parteinahme enthaltender

---

[13] Der sozialisationstheoretische Ansatz stellt ein theoretisches Modell zur Erklärung von Kriminalität dar. In der Kriminologie gilt der Soziologe Emile Durkheim als Begründer dieser Modellierung, die von bekannten Vertretern wie Mead oder Parsons weiterentwickelt wurde (vgl. Häßler o. J., o. S.). „Die Sozialisationstheorie bildet ein entscheidendes Erklärungsmuster für abweichendes Verhalten, Delinquenz und Kriminalität. Trieb- und Affekttaten können durch die Sozialisationstheorie jedoch nicht erklärt werden." (ebd.) In vorliegender Arbeit wird die kriminologische Unterteilung der Kriminalitätstheorien wenig ausdifferenziert, sodass die kontrolltheoretischen Ansätze von Hirschi bzw. Sampson und Laub sowie der lerntheoretische Ansatz von Sutherland im weitesten Sinne auch als sozialisationstheoretisch verstanden und untersucht werden.
[14] Eine weitere Untergliederung des Begriffes der Devianz in eine primäre und sekundäre Devianz im Sinne von Edwin Lemert (siehe hierzu Lemert 1951) wird als nicht sinnvoll erachtet, da sie in direkter Verbindung zu dem sog. Labelling- oder Etikettierungsansatz steht, welcher vorliegend nicht Gegenstand der Betrachtung ist.

Zugang erleichtert werden." Abweichendes Verhalten ist demnach „nur im Verhältnis zu seinem gesellschaftlichen Kontext" (ebd., S. 253) existent und umfasst im kriminologischen Verständnis als Jugenddelinquenz „nicht nur Verstöße gegen materielles Strafrecht, sondern auch sonstige abweichende Verhaltensweisen" (Schulz, o. J, o. S.). Die Beschreibung als Jugenddelinquenz ermöglicht daher eine gedankliche Entkoppelung von strafrechtlichen Begrifflichkeiten, die stigmatisierend wirken können und den Besonderheiten der Jugend nicht gerecht werden (vgl. ebd.). Als eine Implikation, die sich aus der Bewusstwerdung über die Lebensphase der Jugend ergeben hat, kann daher die Anpassung des Sprachgebrauchs - hier insbesondere die Veränderung des Zuschreibungszusammenhangs von abweichendem bzw. kriminellem Verhalten - genannt werden. Das Stigma der kriminellen Handlung wird hierdurch als abweichendes Verhalten in soziale Einbettung transformiert. Die Modifikationen in Sprache und Umgang dienen dazu, den Phänomenbereich besser zu erfassen und jugendliche Motivationen und die spezifischen Handlungszusammenhänge zu verstehen.

2.4 Zusammenführung der Begriffe Jugendkriminalität, Jugenddelinquenz und abweichendes Verhalten im Jugendalter

Als weitere Implikation des gesellschaftlichen Wandels nimmt die Dimension des Strafrechts als Bezugskategorie in der Trias von Kriminalität, Devianz und Delinquenz eine gewichtige Rolle ein. Hierzu trägt die bereits beschriebene grundlegende Assoziation zwischen der Kriminalität und dem Strafrecht deshalb bei, weil nicht zwingend davon ausgegangen werden kann, dass in der Bewertung eines Verhaltens soziologisch-kriminologische Beurteilungsmaßstäbe angelegt werden, sondern eher vorgeprägten Mustern einer strafrechtlichen Konnotation gefolgt wird. Die Legislative sowie die Judikative sind als Träger der Staatsgewalt,[15] durch die Implementierung und Anwendung des „Jugendstrafrecht[s] als Sonderstrafrecht für junge Menschen" (Heinz 2006, S. 15) in Form des Jugendgerichtsgesetzes (JGG) in die Entwicklung eingebunden. Das Mitte des 20. Jahrhunderts[16] geschaffene Recht soll den „Entstehungszusammenhängen von Jugendkriminalität Rechnung" tragen „und Reaktions- und Sanktionsformen" anbieten, „die die biologische, psychologische und soziologische Übergangssituation junger Menschen berücksichtigen" (Sonnen 2015, S. 8). Das Gesetz umfasst ausweislich des § 1 Abs. 1 JGG und § 1 Abs. 2 JGG Jugendliche und Heranwachsende im Alter von 14 Jahren bis unter 21 Jahren. Im Wortlaut des § 2 Abs. 1 JGG ist das Ziel des Jugendstrafrechts wie folgt definiert:

„Die Anwendung des Jugendstrafrechts soll vor allem erneuten Straftaten eines Jugendlichen oder Heranwachsenden entgegenwirken. Um dieses Ziel zu erreichen, sind die Rechtsfolgen und unter Beachtung des elterlichen Erziehungsrechts auch das Verfahren vorrangig am Erziehungsgedanken auszurichten."

Die ratio legis dieses Sonderstrafrechts kann also nicht in der Bestrafung gesehen werden, sondern bezieht sich vorrangig auf die Erziehung. Der dem Jugendstrafrecht innewohnende erzieherische Ansatz ist insoweit als Gegenentwurf bzw. komplementäres Element zu den Strafzwecktheorien des allgemeinen Strafrechts aufzufassen,

---

[15] Die Exekutive als dritte Gewalt und insbesondere die Rolle der Polizei als Strafverfolgungsorgan im Kontext von Jugendkriminalität wird im Kapitel 6 (Spannungsfeld Polizei und Jugendkriminalität) näher erörtert.
[16] Das JGG stellt mit Inkraftsetzung am 01.10.1953 die Grundlage des heute anzuwenden Rechts dar. Es fußt auf dem bereits aus dem Jahr 1923 stammenden Reichsjugendgerichtsgesetz (vgl. Sonnen 2015, S. 3f.).

wenngleich die Theorien über den Zweck einer Bestrafung ebenso den soziokulturellen Entwicklungen unterworfen sind.

Die Strafzwecktheorien können über den bereits bei Hegel und Kant postulierten absoluten Strafanspruch (Strafe aufgrund von Sühne und Vergeltung) in die relativen Strafzwecktheorien, welche der Strafe präventive Wirkung zuweisen, aufgeteilt und als Vereinigungstheorie, die sowohl den Vergeltungsansatz als auch die präventiven Aspekte beinhaltet, zusammengeführt werden (vgl. Bock 2018, S. 66ff.)[17]. Die Fassung des Strafgesetzbuches weist die Elemente der Vereinigungstheorie als geltende Rechtslage aus (vgl. ebd, S. 73).[18]

In der Weiterführung des bereits angedeuteten kriminalsoziologischen Ansatzes von Lüdemann und Ohlemacher, die als Ausgangspunkt der Kriminalsoziologie[19] das strafbewehrte Ereignis definierten (2012, S. 11), sowie unter Einbeziehung des dargestellten rechtlichen Rahmens, der als definitorische Bezugs- und Vergleichsgröße wirkt, findet der Terminus Jugendkriminalität in dieser Arbeit fortan als Überbegriff Verwendung und steht synonym für die Begriffe Delinquenz, Devianz oder abweichendes Verhalten.

---

[17] Auf eine umfassende Darstellung der Strafzwecktheorien wird in dieser Arbeit verzichtet, da eine tiefergehende Erörterung keinen unmittelbaren Erkenntnisgewinn im Sinne der vorliegend zu bearbeitenden Fragestellungen verspricht.

[18] Hierdurch soll deutlich werden, dass gemäß § 46 Strafgesetzbuch nicht nur die Schuld des Täters für die Zumessung der Strafe entscheidend ist, sondern auch die Strafwirkungen für die zukünftige Lebensgestaltung berücksichtigt werden müssen. Der absolute Strafanspruch aufgrund begangenen Unrechts und der relative Strafanspruch, der präventive Wirkungen beinhaltet, werden vereinigt.

[19] Die Kriminalsoziologie versucht, „das soziale Phänomen der Kriminalität entlang der sozialen Bedingungen und Konsequenzen des kriminellen Handelns von individuellen Akteuren zu rekonstruieren und auf diese Weise verstehend zu erklären" (Eifler und Leitgöb 2018, S. 12).

Diese Vorgehensweise bietet sich deshalb an, weil sich die zu besprechenden kriminologischen Studien sowohl hinsichtlich der Aussagen zum Hellfeld[20] als auch im Bereich von Dunkelfeldstudien, etwa durch Selbstauskünfte von Opfern oder Tätern, ebenso wie die kriminalstatistischen Daten jeweils am strafrechtlichen Verständnis orientieren.

3   Forschungs- und Wissensstand zur Jugendkriminalität

3.1   Allgemeine kriminologische Erkenntnisse

Die Kriminologie als „Grundlagen- Wissenschaft mit autonomen Erkenntnisinteressen" (Neubacher 2017, S. 25) bemüht „sich um eine theoriegeleitete, empirisch geprüfte [...] Argumentation" (Kunz und Singelnstein 2016, S. 2). Die Erkenntnisinteressen der Kriminologie liegen unter anderem in der Ursachenforschung, den Erscheinungsformen von Straftaten, der Lehre vom Opferverhalten, der Wirkung von Strafe, der Kriminaltherapie, der Institutionenforschung und der Kriminalstatistik (vgl. Schwind 2016, S. 8)[21].

---

[20] Das Hellfeld beschreibt den Ausschnitt der bekannten Kriminalität, die etwa in Form der Polizeilichen Kriminalstatistik (PKS) registriert ist, wenngleich die dem Dunkelfeld zuzuordnende Kriminalität, die behördlicherseits unbekannt geblieben ist, zum Gesamtbild der Kriminalitätsbelastung hinzuzurechnen ist. (siehe hierzu auch Serafin 2018, S. 91; Görgen und Hunold 2015, S 84f.).
[21] In der wissenschaftlichen Literatur wird eine Vielzahl unterschiedlicher Begriffsbestimmungen angeboten. Eisenberg und Kölbel (2017, S. 1) beschreiben „die Kriminalität und den gesellschaftlichen Umgang mit Kriminalität" als den zentralen Gegenstand der Kriminologie. (Siehe hierzu weiter Neubacher 2017, S.

Die Ursachenforschung als Teilmenge des kriminologischen Erkenntnisinteresses wird vorliegend auf den Untersuchungsgegenstand Jugendkriminalität bezogen und die empirisch weitgehend gesicherten Befunde unter Zuhilfenahme kriminalstatistischer Daten aus der Polizeilichen Kriminalstatistik dargestellt, bevor in denklogischer Abfolge eine Befassung mit den relevanten Kriminalitätstheorien stattfinden kann. Die Institutionenforschung und deren grundlegende Erkenntnisse stellt eine weitere im Untersuchungszusammenhang zu besprechende Größe dar. Eine kursorische Darstellung und die thematische Umsetzung werden in Kapitel 6 (Spannungsfeld Polizei und Jugendkriminalität) realisiert.

Die Jugendkriminalität tritt als männlich geprägte Form von eher leichterer Kriminalität mit episodenhaftem Verlaufscharakter in Erscheinung und ist in ihrer Verteilung als ubiquitär[22] anzusehen. Sie ebnet demnach nicht den Weg in eine sogenannte „kriminelle Karriere", sondern wächst sich im Normalfall infolge sozialer Entwicklung und Reifung aus (vgl. Miesner[23] 2012, o. S.). Dollinger und Schabdach (2013, S. 9) können als diesen Punkt bestätigend aufgefasst werden, da sie die Ubiquität strafrechtlicher Normbrüche und die in Relation zur Erwachsenenkriminalität geringe Deliktschwere dem Kanon des gesicherten kriminologischen Wissens zurechnen. In der kriminologischen Literatur werden diese Befunde

---

25; erläuternd Schwind 2016, S. 8f.; zur Genese des Begriffs Klimke und Legnaro 2016, S. 1ff.).

[22] Ubiquität im kriminologischen Sinne nimmt Bezug auf die allgemeine Verbreitung von Jugendkriminalität (vgl. Schwind 2016, S. 80 u. S. 72).

[23] Christian Miesner ist als assoziierter Doktorand im Forschungsprojekt „Kooperative Sicherheitspolitik in der Stadt" der Universität Münster tätig (vgl. Internetpräsenz Uni Münster).

geteilt (siehe hierzu auch Schwind 2016, S. 80f.; Kunz und
Singelnstein 2016, S. 240f.; Neubacher 2017, S. 70ff.).

3.1.1   Hellfelddaten

Die Annäherung an die Kriminalitätswirklichkeit, also der Versuch der
Abbildung der tatsächlichen Kriminalitätsbelastung, lässt sich über
die Summanden Polizeiliche Kriminalstatistik (PKS),
Dunkelfeldbefragungen und sonstige empirische Befunde
gewährleisten. Die PKS als Nachweis der Hellfelddaten zur
Kriminalität kann durchaus als Referenz hinsichtlich der Struktur und
des Delinquenzverlaufs junger Menschen herangezogen werden,
wobei mitbedacht werden muss, dass die Aussagekraft der PKS
eingeschränkt ist[24]. Aus der Alterszusammensetzung der registrierten
Kriminalität lässt sich erkennen, dass auf die relevante Gruppe der
Jugendlichen und Heranwachsenden ein Anteil von 18,3 % an der
Gesamtkriminalität entfällt (vgl. BKA 2017 (Bd. 3), S. 25). Gemessen
am Anteil an der Wohnbevölkerung von lediglich 7,1 % (vgl. Heinz

---

[24] Das Bundeskriminalamt (BKA) als verantwortlicher Herausgeber der
jährlichen PKS führt hierzu an, dass die PKS nur das Hellfeld erfasst.
Im Weiteren werden verschiedene Einflussfaktoren benannt, die sich in
den Zahlen der Statistik auswirken, obwohl das Kriminalitätsgeschehen
tatsächlich keiner Veränderung unterliegt. Hierzu können ein
verändertes Anzeigeverhalten der Bürger, die Erhöhung polizeilicher
Kontrollintensivität, Strafrechtsänderungen oder eine Varianz bei der
statistischen Erfassung führen. Zudem beruht die Registrierung auf
dem Kenntnisstand der Polizei bei der Abgabe des Verfahrens an die
Staatsanwaltschaft (vgl. Bundeskriminalamt 2017 (Bd. 3), S. 6f.).
Spätere Fortentwicklungen des Verfahrens oder divergierende
strafrechtliche Bewertungen durch die Staatsanwaltschaft bzw. durch
das erkennende Gericht bleiben in der Statistik völlig unberücksichtigt.
Zusatz: Der vorliegende Kurzbeleg wurde um den Band ergänzt, da in
der Folge weitere Bände der PKS des Jahres 2017 Erwähnung finden
und so die Zuordnung des Quellenbelegs im Literaturverzeichnis
erleichtert wird.

2015, S. 35)[25] ist daher eine deutliche Überrepräsentanz in der Kriminalitätsbelastung festzustellen.

Die visuelle Darstellung der altersgestuften Kriminalitätsverteilung in Abbildung Nr. 3 unterstreicht die bereits angesprochene Relevanz der Jugendkriminalität und die Notwendigkeit deren kriminologisch-wissenschaftlicher Betrachtung.

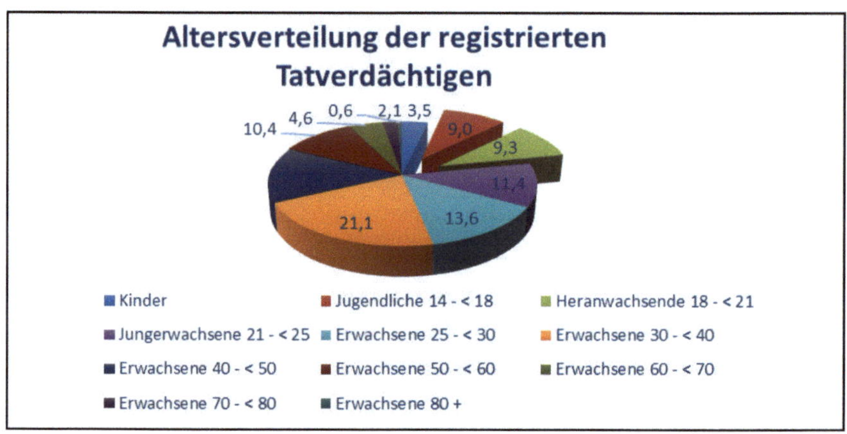

Abbildung 3[26]

Der Befund einer überproportionalen Beteiligung relevanter Gruppen wird im Weiteren als Ausgangspunkt einer Differenzierung genutzt, die die kriminalstatistische Kriminalitätsbelastung der Jugendlichen

---

[25] Neubacher (2017, S. 6) geht in leichter Abweichung zu Heinz von einem relevanten Bevölkerungsanteil von „etwa 8 %" aus. Die angesprochene Überrepräsentanz junger Menschen in Bezug auf die Kriminalitätsbelastung wird in der kriminologischen Literatur geteilt (siehe beispielhaft Streng 2012, S. 1).

[26] Es handelt sich hier um eine eigene Darstellung anhand der aktuellsten PKS Zahlen des Jahres 2017.

und Heranwachsenden umfasst sowie eine entsprechende Kriminalitätsverlaufskurve darstellt.

In der PKS werden die Kriminalitätsbelastungszahlen[27] nach Altersgruppen im Betrachtungszeitraum von 2014 bis 2017 wie folgt ausgewiesen:

---

[27] Hierbei handelt es sich nicht um absolute Zahlen, sondern es werden die Tatverdächtigenbelastungszahlen (TVBZ) herangezogen. „Die Tatverdächtigenbelastungszahl (TVBZ) ist die Zahl der ermittelten Tatverdächtigen, errechnet auf 100.000 Einwohner des entsprechenden Bevölkerungsanteils, jeweils ohne Kinder unter 8 Jahren (Stichtag ist der 01.01. des Berichtsjahres)." (Bundeskriminalamt 2017 (Bd. 3), S. 99) Die TVBZ wird altersgruppenbezogen ausgewiesen und ermöglicht daher im Gegensatz zur absoluten Zahl eine wirklichkeitsnähere Betrachtung der Kriminalität. Die Einschränkungen ergeben sich insbesondere aus der Dunkelziffer und den zwar registrierten, aber unaufgeklärten Taten (Taten ohne Tatverdächtigen). Ferner wurde erst ab dem Jahr 2009 mit einer statistisch vergleichbaren Tatverdächtigenzählung begonnen, indem „eine Person, die in mehreren Bundesländern registriert wurde, in den Tatverdächtigenzahlen der PKS nicht mehrfach, sondern nur als ein Tatverdächtiger ausgewiesen" (ebd., S. 159) wird. Im Weiteren beziehen sich die TVBZ auf deutsche Tatverdächtige, da die TVBZ für nichtdeutsche Tatverdächtige nicht errechnet werden können, „weil in der Einwohnerstatistik die amtlich nicht gemeldeten Ausländer fehlen, die sich hier erlaubt (z. B. als Touristen, Geschäftsreisende, Besucher, Grenzpendler, Stationierungsstreitkräfte oder Diplomaten) oder unerlaubt aufhalten. Außerdem sind die Fortschreibungszahlen für die amtlich gemeldete ausländische Wohnbevölkerung erfahrungsgemäß äußerst unzuverlässig" (ebd., S. 158).

Alter	2014	2015	2016	2017
Unter 14 Jahre	1.231,6	1.107,7	1.039,9	1.211,0
14 bis unter 18 Jahre	5.010,0	4.604,0	4.503,1	4.832,0
18 bis unter 21 Jahre	6.238,9	5.797,1	5.528,2	5.428,4
21 bis unter 25 Jahre	5.301,8	5.003,7	4.797,4	4.625,6

Quelle: PKS Bundeskriminalamt Zeitreihen, Tabelle 40 – insgesamt.

Abbildung 4[28]

Es zeigt sich für die Alterskohorte der 14 bis unter 18 Jahre alten
Personen ein Anstieg in der Kriminalitätsbelastung von 2016 auf
2017, wohingegen in den übrigen Gruppen jeweils ein Rückgang zu
verzeichnen ist. Da ein solch sequenzieller Ausschnitt die
Verlaufsentwicklung nur unzureichend bzw. verzerrt darstellt, ist die
Wahl eines größeren Zeithorizonts ratsam. Schwind (2016, S. 75)
kommt in einer Langzeitbetrachtung der Jugendkriminalität ab 1974
zu dem Befund, dass die Zahlen nach einem erheblichen Anstieg bis
in das Jahr 1982 zunächst stagnierten, sodann mit der deutschen
Wiedervereinigung nochmals „dramatisch" anwuchsen und derzeit
auf relativ hohem, jedoch abnehmendem, Niveau stagnieren
(vgl. ebd.). Es wird hierbei auf das gesamte Deliktsspektrum Bezug
genommen.

Hinsichtlich der Struktur der Jugendkriminalität wurde bereits darauf
verwiesen, dass es sich in der Hauptsache um Formen von leichterer
Kriminalität handelt.

---

[28] Die Abbildung wurde aus einer Darstellung zur Jugendgewalt der
Arbeitsstelle Kinder- und Jugendgewaltprävention (2018, S. 4)
übernommen. Die Daten entstammen der neuesten
PKS (2017) und umfassen die deutschen Tatverdächtigen.

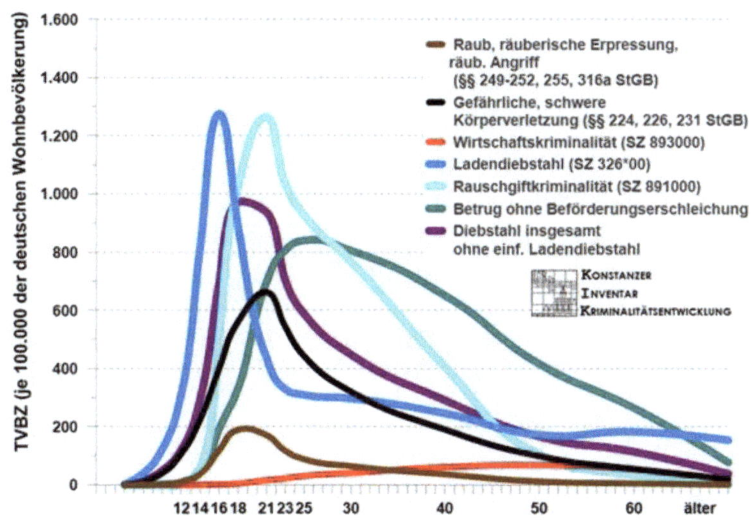

Abbildung 5[29]

Es soll an dieser Stelle nicht dezidiert auf die einzelnen Deliktsbereiche unterschiedlicher Repräsentanz eingegangen werden. Hierzu bleibt aber anzuführen, dass sich etwa in der Hellfeldbetrachtung (PKS 2015) der öffentlichkeitswirksamen Gewaltkriminalität eine deliktische Kriminalitätsverteilung ergibt, die durch die einfache Körperverletzung mit einem Anteil von gut zwei Dritteln (67,44 %) geprägt ist und schwere Taten, etwa gefährliche

---

[29] Die Abbildung wurde aus Heinz (2014, S. 24) unverändert übernommen. Die Darstellung wird als einprägsam angesehen und findet deshalb Verwendung. Das Zahlenwerk stammt aus dem Jahr 2014, jedoch ist die Häufigkeitsverteilung der einzelnen Straftatengruppen stabil und so erfüllt die Abbildung ihren Zweck dahingehend, die Kriminalitätsverteilung als eine solche zu kennzeichnen, die in Bezug auf die Häufigkeit durch eher leichtere Kriminalität (Eigentumsdelikte) geprägt ist.

und schwere Körperverletzung (22,8 %) sowie Raubdelikte (8,02 %), dahinter zurücktreten (vgl. Kunz und Singelnstein 2016, S. 242).

Die Charakteristik eines episodenhaften Verhaltens, dass in engem Bezug zum Lebensalter steht, lässt sich über die Visualisierung eines entsprechenden Kurvenverlaufs verdeutlichen. Es zeigt sich, dass die höchste Kriminalitätsbelastung in einem Alter von 16 bis 23 Jahre festzustellen ist. Nach relativ schnellem Zuwachs flacht die Kurve etwas langsamer ab, bevor sie ausläuft.

Tatverdächtigenbelastungszahlen für Deutsche nach Alter (ausgewählte Jahre). Früheres Bundesgebiet mit Westberlin, seit 1993 Deutschland

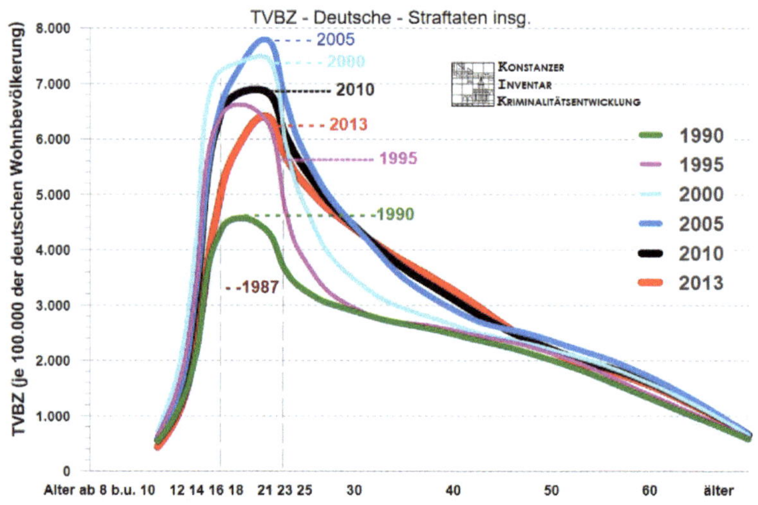

(Quelle: Konstanzer Inventar - http://www.uni-konstanz.de/rtf/ki/)

Abbildung 6[30]

Wolfgang Heinz kommt diesbezüglich zu nachfolgender Einschätzung:

---

[30] Die Abbildung wurde aus Heinz (2015, S. 36) unverändert übernommen.

„Insgesamt weisen junge Menschen die höchste
Kriminalitätsbelastung auf,   und zwar zu allen Zeiten,
die statistisch überblickbar sind […]. Aus der Kurve der
Altersverteilung lassen [sich] mehrere Aussagen ableiten:

1. In jeder Generation, auch jener die heute über die Jugend
   Klage führt, waren junge Menschen unter den
   Tatverdächtigen und Verurteilten deutlich überrepräsentiert.
   Es handelt sich folglich um einen Alterseffekt und nicht, wie
   vielfach angenommen, um eine Störung oder um ein
   Erziehungsdefizit. Im Prozess des Normlernens ist auch
   zeitweilige Normabweichung in Form von strafbaren
   Verhaltensweisen zu erwarten.

2. Die Höherbelastung bleibt immer auf diese Altersphase
   beschränkt, sie setzt sich nicht weit in das
   Vollerwachsenenalter hinein fort. Es handelt sich um eine
   alterstypische Verteilung und nicht um einen Einstieg in die
   Erwachsenenkriminalität. Das ‚Nicht-mehr-Auffällig-Werden'
   ist quantitativ der Normalfall. Insofern ist Jugendkriminalität
   – im Bereich der Massen- und Bagatellkriminalität – ein
   alters- bzw. entwicklungstypisches Phänomen." (Heinz 2015,
   S.36)

Heinz deutet die Jugendkriminalität als reinen Alterseffekt, der sich in
Abhängigkeit von Lebensalter bzw. Entwicklungsstufe einstellt und
wieder abklingt. Die bei Neubacher (2017, S. 70) als „Age-Crime-
Kurve" bezeichnete Verlaufskurve stützt diesen Befund nur insoweit,
als dass die festzustellenden „Ausnahmen von der Regel der

Normalität und Episodenhaftigkeit", wie etwa „schwere Straftaten, insbesondere Gewalt- und Sexualtaten, die nicht als normal bezeichnet werden können, sowie die Delinquenz einer relativ kleinen Gruppe (etwa 6 % eines Jahrgangs), die wiederholt und dauerhaft Straftaten begeht (sog. Intensiv- bzw. Mehrfachtäter[31])" (ebd. S. 72f.), hiervon nicht erfasst werden. Heinz greift diese Einschränkung mit dem Verweis auf, dass sich die Jugendkriminalität als Alterseffekt auf die Massen- und Bagatellkriminalität beschränkt. Dieser Einwurf müsste jedoch spezifiziert werden, da sicher auch jugendliche Mehrfachtäter, etwa bei fortgesetzten Ladendiebstählen, im Bereich der Massenkriminalität auffällig werden und so nicht in die schematische Darstellung der Jugendkriminalität und ihrer Erscheinungsformen eingeordnet werden können. Die Jugendkriminalität als bloßer Alterseffekt ist daher differenzierter zu betrachten.

Hinzu kommt, dass die Vorstellung der Jugendkriminalität als Störung oder Erziehungsdefizit verneint und dem Bereich der Intensivtäter zugewiesen wird, obgleich diesem Befund Ergebnisse kriminalpsychologischer Forschung entgegenzusetzen sind. Diese werden aus Gründen der Nachvollziehbarkeit in der Hauptsache in Kapitel 5.3.2 aufgegriffen und als Grundlage der weiteren Erörterung genutzt. Zudem erfolgt über die Herleitung der Familie als primäre Sozialisationsinstanz in Kapitel 5.2.1 aufbauend auf lerntheoretische Aspekte, die Herstellung eines Zusammenhangs zwischen

---

[31] Aus der Literatur lässt sich keine einheitliche Definition des Intensiv- oder Mehrfachtäters entnehmen (bestätigend Neubacher 2016, S. 75). Es scheint sogar so zu sein, dass innerhalb einzelner Polizeien und Staatsanwaltschaften verschiedene Begriffsdefinitionen Anwendung finden und dadurch das Verwaltungshandeln in unterschiedlicher Weise Prägung erfährt. Ein Definitionsversuch findet sich bei Boeger (2011, S.7 ff.).

Jugendkriminalität und dem Strukturgebilde Familie, sodass dies als Gegenposition zu Heinz aufgefasst werden kann.

Exemplarisch für die angesprochene Einflussgröße Erziehung werden die Erkenntnisse von Bentrup aufgenommen und mit Moffitt die pathologische Dimension der Jugendkriminalität ergründet. Beide bilden einen Ausschnitt des Forschungsstandes zur Jugendkriminalität ab, und auf deren Erkenntnissen soll in der weiteren Bearbeitung aufgebaut werden, so dass die Ansätze in kursorischer und sequenzieller Form dem Analysekapitel 5.3 vorgeschaltet sind.

Christina Bentrup nähert sich der Jugendkriminalität aus lerntheoretischer Perspektive und führt hinsichtlich der Bedeutung von Familienstrukturen Nachfolgendes aus: „Der Forschungsstand deutet hier auf einen indirekten Effekt der Familienstruktur auf delinquentes Verhalten hin" (Bentrup 2014, S. 61). Die lediglich mittelbare Verbindung ist aus dem Umstand abgeleitet, dass „Jugendliche aus Ein-Eltern-Familien [...] in stärkerem Maß zu Kontakten mit delinquenten Peers und zu Einstellungen, die gesetzesverletzende Handlungen befürworten" (ebd.), neigen. Im Weiteren wird eine Metaanalyse von Loeber und Stouthammer-Loeber aus dem Jahr 1986 angeführt, wonach 70 % der ausgewerteten Studien eine Bedeutsamkeit von Familienvariablen für die Erklärung der Jugendkriminalität nachweisen (vgl. ebd.). Es bleibt anzufügen, dass im vorgenannten Kontext die Struktur der Familie nur eine Variable darstellt, die im Lichte einer Gesamtschau durch die Entwicklung und Bewertung diverser innerfamiliärer Sozialisationsprozesse zu ergänzen ist. Der angesprochene Zusammenhang bedarf der wissenschaftlichen Erschließung deshalb, da er sich in Kontur und Wirkungszusammenhang entweder als zufällig, als Korrelation oder gar als Kausalzusammenhang darstellen kann.

Moffitt (1993, S. 675)[32] sieht den Zusammenhang von Alter und Kriminalität als „mysterious relationship between age and antisocial behavior" und führt hierzu weiter aus: „This relationship is at once the most robust and least understood empirical observation in the field of criminology." (ebd.) Die duale Taxonomie von Moffitt beschreibt unterschiedliche Kriminalitätsentwicklungen im Lebenslauf und kategorisiert in die Pfade lifecourse-persistent antisocial behavior und adolescence- limited antisocial behavior (vgl. ebd., S. 674). Die Theorie kann insoweit in die allgemeine kriminologische Erkenntnislage eingepasst werden, als sie Jugendkriminalität einerseits als ubiquitäres und episodenhaftes Phänomen begreift und andererseits Erscheinungsformen verstetigter und andauernder Kriminalität beschreibt. Als Begründungsansatz für dauerhafte Mehrfachauffälligkeit werden neurologische Anfälligkeiten im Kindesalter in Verbindung mit dem kriminogenen Umfeld angeführt (vgl. ebd.). Es handelt sich demnach um „neuropsychologische Dysfunktionen in der frühen Kindheit", welche sich „in kognitiven und emotionalen Defiziten und damit verbundenen Verhaltensauffälligkeiten" (Thomas 2015, S. 48) niederschlagen. Die Jugendkriminalität in ihrer temporären, auf die Jugendphase beschränkten Verlaufsform beruht nach Moffitt auf einer Reifungslücke in der Übergangsphase zwischen Jugendalter und Erwachsensein (vgl. Pöge 2007, S. 1) und dem aus der

---

[32] Moffitt stützt sich bei ihren Analysen auf die Ergebnisse der Dunedin Kohortenstudie. Es handelt sich hierbei um eine Längsschnittanalyse einer repräsentativen neuseeländischen Geburtskohorte von 1037 Probanden der Jahrgänge 1972/73 (vgl. Göppinger 2008, S. 206). Nach Podbregar (2016, o. S.) handelt es sich um eine „der verlässlichsten und engmaschigsten Kohortenstudien weltweit".

Verhaltensforschung entlehnten Prinzip der Nachahmung
(vgl. Moffitt 1993, S. 686). „[D]elinquency is ‚social mimicry' of the
antisocial style of life course-persistent youths" (ebd.).

Als Schutzfaktor wird u. a. die Umgebung angesprochen, die die
Möglichkeit des Erlernens von kriminellen Verhalten limitiert.
Weiterhin ist der Zugang zu einem Rollenverhalten, welches von
Erwachsenen respektiert wird, von Bedeutung (vgl. ebd., S. 689f.).
Thomas (2015, S. 49) verweist einschränkend darauf, „dass diese
duale Tätertaxonomie nicht ausreicht, die empirisch vorgefundenen
unterschiedlichen Entwicklungen zu beschreiben".[33]

Moffitt führt neurobiologische Faktoren mit den umgebenden
Sozialisationsbedingungen kumulativ zusammen und integriert diese
in einen Mehrfaktorenansatz, der sich vermittelnd in den
Spannungsbogen von Anlage und Umwelt einfügt. Laue (2015, S. 82)
ist flankierend aufzufassen, da er die Anerkennung des
Zusammenspiels von Veranlagung und Umwelt als aktuellen
kriminologischen Wissensstand ansieht.

3.1.2   Dunkelfelddaten

Ein weiteres Instrument zur Annäherung an die
Kriminalitätswirklichkeit und somit notwendiger Baustein und
Ausgangspunkt ätiologischer Überlegungen ist die

---

[33] Moffitt bezieht hierzu Stellung, indem sie die duale Tätertaxonomie
grundsätzlich bestätigt sieht. Sie diskutiert die von den
unterschiedlichen Forschern eingeführten zusätzlichen Verlaufswege
(Adult-Onset Antisocial Criminal bzw. Childhood-Limited Antisocial
Behaviour) indem sie diese in die ursprüngliche Taxonomie integriert
(vgl. Moffitt 2006, S. 277ff.). Sie führt im Weiteren aus: „Other findings
have pointed to important revisions needed the improve to fit between
the taxonomy and nature, and some findings raise serious challenges
to aspects of the taxonomy." (ebd, S. 303)

Dunkelfelduntersuchung. Das Bundeskriminalalmt fasst hierzu
Folgendes zusammen:

> „Das Ziel von Dunkelfelduntersuchungen ist es,
> Erkenntnisse über das Gesamtaufkommen bestimmter
> Straftaten einschließlich des sog. (relativen) Dunkelfeldes,
> also den bei der Polizei nicht bekannten Straftaten, zu
> gewinnen. Denn während sich amtliche Kriminalstatistik
> lediglich auf das ‚Hellfeld‘ amtlich registrierter Vorgänge -
> und somit nur auf einen kleinen Ausschnitt von Kriminalität -
> bezieht, versuchen Dunkelfelduntersuchungen ein etwas
> umfassenderes Bild von Umfang und Struktur von
> Kriminalität zu liefern. Hierzu bedient man sich der
> Befragung zufällig ausgewählter Personen bezüglich ihrer
> Erfahrungen als Opfer (‚Opferbefragungen‘) oder Täter
> (‚Täterbefragungen‘) von Straftaten, sofern sie solche
> gemacht haben. Die in den Befragungen festgestellten
> Erfahrungen mit Kriminalität ermöglichen dann (statistische)
> Rückschlüsse auf das Kriminalitätsaufkommen in der
> Bevölkerung.“ (BKA o. J, o. S.)

Aus der Beschreibung wird die Unterscheidung in ein relatives
Dunkelfeld, welches durch empirische Mittel, etwa Opfer oder
Täterbefragungen[34], aufgehellt und so der wissenschaftlichen
Bearbeitung zugeführt werden kann, und dem absoluten Dunkelfeld
deutlich. Im letztgenannten verbleiben Delikte, die der Erfassung
nicht zugänglich gemacht werden können. Es „reicht vom ‚perfekten
Mord‘, der als normaler Todesfall betrachtet wird, über Verbrechen
an Verbrechern (die sich hüten, wegen einer Körperverletzung oder
eines schweren Diebstahls in Kontakt mit der Polizei zu treten) bis zur
inventurbedingten Feststellung von starkem Ladendiebstahl, der aber

---

[34] Prätor (2015, S. 38) benennt „das Experiment, die teilnehmende
Beobachtung sowie Täter- Opfer- und Informantenbefragungen“ als
„Methoden der Dunkelfeldforschung“.

weder zeitlich noch gar persönlich eingegrenzt werden kann. Auch
die opferlosen Delikte wie illegale Einreise, Urkundenfälschungen,
heimlicher Drogenkonsum [...] werden nicht erfaßt [sic]." (Frevel
1999, S. 47f.) Es bleibt daher nochmals darauf hinzuweisen, dass die
tatsächliche Kriminalitätsbelastung nur näherungsweise und unter
Einbeziehung des relativen Dunkelfeldes sinnvoll ausgewiesen
werden kann. Das Anzeigeverhalten der Bürger spielt in diesem
Kontext eine gewichtige Rolle. So kommen Forscher der Ruhr-
Universität Bochum als Teilbefund einer Langzeitstudie[35] für die Stadt
Bochum dazu, dass der Kriminalitätsanstieg im Hellfeld zwischen den
Jahren 1975 bis 1998 nicht etwa tatsächlicher
Kriminalitätsmehrbelastung entspricht, sondern sich zu drei Vierteln
aus einem veränderten Anzeigeverhalten ergibt (Weiler, 2016, S. 60).
Der Befund eines gesteigerten Anzeigeverhaltens wird bei Baier
et al. (2010, S. 320) in einer bundesweit repräsentativen
Schülerbefragung der 4. und 9. Klassen mit Bezug auf
Jugendgewaltdelikte bestätigt.

3.1.3   Spannungsverhältnis zwischen Hell- und Dunkelfeld

Das Verständnis der Kriminalitätswirklichkeit als Abbild des Hell- und
Dunkelfelds ist mit Pöge zu präzisieren, die bezüglich der
Informationsquellen auf die jeweiligen Vor- und Nachteile verweist
(vgl. 2007, S. 3). „Der Vorteil von Hellfelddaten ist, dass
Informationen zu allen Straftaten vorliegen, die - und das kann
hingegen als größter Nachteil geltend gemacht werden- registriert
wurden. Somit unterliegen diese Informationen einer großen

---

[35] Bei der Studie „Kriminalitätsphänomene im Langzeitvergleich am
Beispiel einer deutschen Großstadt" wurden in der 4. Befragungswelle
im Jahr 2016 (vorhergehende Erhebungen 1975, 1986 und 1998 in der
Verantwortung von Hans-Dieter Schwind) unter der Leitung von
Thomas Feltes 3500 Bürger befragt (vgl. Internetpräsenz der Ruhr-
Universität-Bochum o. J, o. S.).

Selektivität, die mit dem unterschiedlichen Entdeckungs- und Anzeigerisiko zusammenhängt, das für einige Delikte und für einige Tätergruppen besteht. Ein Nachteil von Selbstberichten wird darin gesehen, dass keine Klarheit über den Wahrheitsgehalt der Informationen besteht und die Auskünfte aufgrund von Erinnerungslücken unvollständig sein können. Der Vorteil von selbstberichteten Daten ist jedoch, dass auch Informationen über Delikte auf der einen und Personen auf der anderen Seite vorliegen, die nicht oder noch nicht offiziell registriert wurden." (ebd.)

Die Befassung mit dem Hellfeld der Kriminalität, im Wissen um die Problematik eines existenten und nur teilweise aufzuhellenden Dunkelfelds, führt in der logischen Abfolge zur Fragestellung über das Bezugsverhältnis der beiden Größen. Dieses wird über die Dunkelzifferrelation ausgedrückt, welche eben jenes Verhältnis von Hell- und Dunkelfeld beschreibt. Eine Relation von 1 : 10 bedeutet, dass einer registrierten Straftat 10 unregistrierte Delikte im Dunkelfeld gegenüberstehen. Die Beziehung zwischen Hell- und Dunkelfeld ist nicht statisch, sondern variiert mit der Art und Schwere der Delikte. So ist eine entsprechende Zusammenstellung von 5 unterschiedlichen Untersuchungen bei Schwind (2016, S. 52) zu interpretieren, woraus sich für den Deliktsbereich des einfachen Diebstahls im Durchschnitt eine Relation von 1 : 8 ergibt, wohingegen die Dunkelzifferrelation beim schweren Diebstahl mit 1 : 1,6 ausgewiesen wird. Hieraus lässt sich im Grundsatz entnehmen, dass mit zunehmender Deliktschwere weniger Straftaten im Verborgenen bleiben.[36] Als Ausnahme können Sexualdelikte benannt werden. So weist eine Pilotstudie aus dem Jahr 2011, die als kriminologische

---

[36] Näheres zur Dynamik der Dunkelzifferrelation und dem Dunkelfeld bei Kury (2010, S. 59ff.). Göppinger (2008, S. 378) bestätigt die Darstellung, wonach die Anzeigenquote bei schwererer Kriminalität höher liegt als bei leichteren Delikten.

Regionalanalyse zu den Lebensverhältnissen und
Unsicherheitsgefühlen in den Städten Völklingen, Ottweiler und
Merzig durchgeführt wurde, in den Bereichen sexuelle Belästigung
und Vergewaltigung/sexuelle Nötigung eine Relation von 1 : 49
respektive 1 : 19 aus (vgl. Broderius und Ghosh 2011, S. 40). Dies
findet bei Stadler et al. (2011, S. 42) Entsprechung, die im Rahmen
einer Repräsentativbefragung zum sexuellen Missbrauch bei den
Betroffenen eine geringe Bereitschaft zur Anzeigenerstattung, die
sich im Bereich von 11 % bis 18 % bewegt, festgestellt haben. Die
niedrige Anzeigequote im vorgenannten Bereich könnte im
Zusammenhang mit persönlicher Scham stehen oder dem Umstand
geschuldet sein, dass eine Vielzahl einschlägiger Delikte im sozialen
Nahraum stattfinden.[37] Der Bereich der Sexualdelikte wird vorliegend
lediglich zur Veranschaulichung der Dunkelfeldproblematik
angesprochen, sodass hier, ebenso wie für die vielfältigen Gründe
eines veränderten Anzeigeverhaltens, eine weitergehende
Erörterung entfallen kann.

Görgen und Hunold (2015, S. 87) bemerken, dass Dunkelfeldstudien
über die Ergänzung und kritische Deutung der Hellfelddaten
hinausgehen und verweisen in der Folge explizit auf den
Erkenntnisgewinn durch Schülerbefragungen. Diese „erbringen
vielfältige Erkenntnisse zu Risiko- und Schutzfaktoren von
Jugendkriminalität und -gewalt. Sie weisen z. b. [sic] auf die
Bedeutung des elterlichen Erziehungsverhaltens, insbesondere von
Gewalt in der Erziehung hin" (ebd.) und „zeichnen - sofern

---

[37] Siehe hierzu die Veröffentlichung der Kriminalistisch-
Kriminologischen-Forschungsstelle des Landeskriminalamts
Nordrhein-Westfalen aus dem Jahr 2006, die sich explizit mit dem
Anzeigeverhalten von Kriminalitätsopfern befasst und hierbei auch die
Einflussfaktoren auf das Anzeigeverhalten weiblicher Opfer von
Sexualdelikten in den Blick nimmt (S. 7ff.).

längsschnittlich angelegt – Entwicklungsverläufe delinquenten
Verhaltens im Jugendalter nach" (ebd.).

3.2 Ausgewählte Studien

3.2.1 Kriminalität in der modernen Stadt

Zur Abrundung der kriminologischen Erkenntnislage, insbesondere
mit Blick auf den Untersuchungsgegenstand der Jugendkriminalität,
wird die Längsschnittstudie *Kriminalität in der modernen Stadt* sowie
im Anschluss ein Gutachten zur Entwicklung der Gewalt in
Deutschland thematisiert. Beide Arbeiten dienen im Fortgang der
Untersuchung als Rekursebene, weil einerseits mit Görgen und
Hunold bereits auf die Erkenntnistiefe von Schülerbefragungen
hingewiesen wurde und andererseits die Bezugnahme auf die
Entwicklung der Jugendgewalt vielversprechend erscheint, da durch
die Forscher ein Rückgang der Gewalt festgestellt wurde (vgl. Pfeiffer
et al. 2018), welcher seine Begründung in Erklärungsansätzen findet,
die in hohem Maße Deckungsgleichheiten mit den in vorliegender
Arbeit auf die kriminogene Wirkung zu prüfenden Faktoren
aufweisen.

Das Studienprojekt *Kriminalität in der modernen Stadt* ist in Form
einer Panelstudie[38] angelegt und, beginnend mit dem Jahr 2000, als
Schülerbefragung[39] in mehreren Wellen an Schulstandorten in

---

[38] Panelstudie bedeutet im vorliegenden Fall die wiederholte Befragung
derselben Schüler.

[39] Pfeiffer et al. (2018, S. 6) führen hinsichtlich der weiten Verbreitung von
Schülerbefragungen im Bereich von Dunkelfeldstudien
forschungsökonomische Gründe an. „Die meisten Dunkelfeldstudien
beschränken sich auf Schülerinnen und Schüler der neunten Jahrgangsstufe,
die in Deutschland durchschnittlich 15 Jahre alt sind. [...]
Dunkelfeldbefragungen unter Jugendlichen werden hauptsächlich an

Münster, Bocholt und Duisburg durchgeführt worden. Hierzu wurden verschiedene Jahrgangsstufen zu den Themenbereichen „Werteinstellung, soziales Umfeld [...] Freizeitgestaltung [und] als zentrales Thema delinquentes Verhalten" (Pöge 2007, S. 4) wiederholt befragt, sodass neben Querschnittsdaten auch Längsschnittdaten erhoben werden konnten, die zur Abbildung des Lebensverlaufs im Sinne kriminologischer Lebenslaufforschung[40] nutzbar gemacht werden können. Pöge und Wittenberg (2007, S. 57) führen zudem die Möglichkeit des Städtevergleichs anhand der vorhanden Querschnittsdaten an und stellen die Bedeutung der Längsschnittperspektive besonders heraus. Hinsichtlich der Stadt Münster konnte letztlich ein „Vier-Wellen-Paneldatensatz mit 813 Teilnehmenden" (Pöge 2007, S. 4) generiert und ausgewertet werden. Durch die wiederholte Erfassung möglicherweise abweichenden Verhaltens sowie der Risiko- bzw. der protektiven Faktoren (vgl. Pöge und Wittenberg 2007, S. 57) „lässt sich adäquat untersuchen, wie es zu episodenhafter oder auch zeitüberdauernder Delinquenz Jugendlicher kommen kann" (ebd.). Aus forschungstheoretischer Sicht geht Diekmann (2017, S. 328) bezogen auf Paneldaten davon aus, dass diese „nicht nur Aussagen über

---

Schulen durchgeführt, da hier nahezu alle Jugendlichen erreicht werden können. In Deutschland besteht in einigen Bundesländern eine neunjährige Schulpflicht, sodass einige Schülerinnen und Schüler die Schule nach der neunten Klasse verlassen und repräsentative Studie[n] nur noch mit einem deutlich höheren finanziellen und personellen Aufwand durchgeführt werden könnten." (ebd)

[40] Eine Zusammenstellung verschiedener Ansätze und Studien zur internationalen Lebenslaufforschung findet sich bei Boers (2007, S. 6 ff.) oder Neubacher (2017, S. 72 ff.). Zudem werden wesentliche internationale Studien in Auseinandersetzung mit den Kriminalitätstheorien angesprochen. Beispielhaft die Arbeiten des Ehepaars Glueck oder der Kriminologen Sampson und Laub.

Entwicklungen auf der individuellen Ebene" möglich machen,
sondern „auch eine genauere Prüfung von Kausalhypothesen"
erlauben. Dieser Auffassung dürfte zuzustimmen sein, da einmalig
erhobene Querschnittsdaten als Momentaufnahme oder
Zustandsbeschreibung keinesfalls Tauglichkeit in der retrospektiven
Nachzeichnung eines Lebenslaufs entwickeln können und zudem in
der vergleichenden Wirkungsanalyse kriminogener bzw. protektiver
Faktoren weniger tiefenscharf in der Aussagekraft hinter
Verlaufsdaten zurückbleiben. Als dies bestätigend kann hier Boers
(2007, S. 6) aufgefasst werden, der die dynamische Orientierung von
Längsschnittstudien unterstreicht und auf die Möglichkeit hinweist,
dass „sowohl die Veränderungen menschlicher Einstellungen und
[des] menschlichen Verhaltens als auch de[r] Wandel des
gesellschaftlichen Kontextes und der sozialen Kontrollstrukturen"
(ebd.) analysiert werden können. Der zusätzliche Nutzen der
Paneldaten liegt in der Analyse der interindividuellen
Gruppenvergleiche sowie der intraindividuellen Entwicklungen (vgl.
ebd.).

Zur Struktur, dem Forschungsansatz, der Genese und hinsichtlich der
Einpassung in die Längsschnittforschung führen die Verantwortlichen
des Forschungsprojekts *Kriminalität in der modernen Stadt* Jost
Reinecke und Klaus Boers Nachfolgendes aus:

> „Die Fragestellungen und Hypothesen der Studie beruhen
> auf einem soziologisch und sozialpsychologisch
> ausgerichteten strukturdynamischen Analysemodell, das vor
> dem Hintergrund der Erfahrungen und Befunde der
> internationalen kriminologischen Längsschnittforschung
> entwickelt wurde. Danach sind zum einen soziale und
> familiäre Bedingungen für die Delinquenzentwicklung
> bislang bedeutsamer als Persönlichkeitsfaktoren gewesen.
> Zum anderen beruhen soziologische Kriminalitätsanalysen in

der Regel auf ausdrücklichen theoretischen Konzepten, wodurch die empirischen Befunde eindeutiger zu interpretieren sind. Das strukturdynamische Analysemodell unterscheidet drei Untersuchungsebenen: die beiden klassischen soziologischen der sozialstrukturellen Bedingungen und der sozialen Kontrolle sowie die Ebene der psychischen Regulierung. Mit den soziologischen Untersuchungsebenen werden wiederum die beiden klassischen kriminalsoziologischen Perspektiven berücksichtigt: die ätiologische, nach den strukturellen Ursachen der Delinquenz fragende und die konstruktivistische Sichtweise, die Delinquenz als Ergebnis sozialer Kontroll- und Zuschreibungsprozesse versteht. Die verbundene Analyse dieser Modellebenen erlaubt eine kontextbezogene Untersuchung zentraler Faktoren der Entstehung und Verstärkung delinquenter Handlungsstile." (Reinecke und Boers 2007, S. 359)

Entlang der Einordnung von Reinecke und Boers werden die in vorliegender Arbeit aufgenommenen sozialstrukturellen Bedingungen Familie, Schule und Freizeitverhalten sowie die in der Person liegenden Faktoren entwicklungspsychologischer bzw. psychopathologischer Dimension übersetzt. Ebenso findet die Frage nach dem Beziehungsverhältnis von Jugendkriminalität und der Polizei als Instanz sozialer Kontrolle hier Entsprechung. Die ausgewählten Kriminalitätstheorien werden in ätiologischer Untersuchungsrichtung interpretiert, sodass konstruktivistische Modelle außen vor bleiben.

Aufgrund des schlüssigen Forschungsdesigns und der kontextuellen Passung dienen die Ergebnisse der vorgenannten Studie bei der Bearbeitung der Forschungsfragen als Teil einer Argumentationsgrundlage, bei der Einzelaspekte extrahiert und thematisch in den Untersuchungsansatz integriert werden. So können aus der Zusammenstellung Münsteraner Panelbefunde bei Reinecke und Boers (2007, S. 359 ff.) nachfolgende Einzelbefunde in verkürzter Form zusammengefasst und separiert werden:

1. Sowohl die Ubiquitätsannahme als auch das Phänomen der Spontanbewährung werden bestätigt.

2. Die Verlaufskurve der Jugenddelinquenz zeichnet sich im Dunkelfeld früher als im Hellfeld ab.

3. Die relevante Gruppe der Mehrfachtäter (Referenz ist das 15. Lebensjahr und mindestens 5 selbstberichtete Delikte) stellen eine anteilsmäßig kleine Gruppe von 5 % dar.

4. Mehrfachtäter sind deshalb von besonderer Bedeutung, da ihnen die Hälfte der Gesamtdelikte zugerechnet wird und ihnen insbesondere im Bereich der Gewaltdelikte ein Anteil von etwa 80 % zukommt.

5. Es konnte keine generelle Karrierepersistenz der Mehrfachtäter von Gewaltdelikten festgestellt werden. Auch bei dieser Gruppe war Spontanbewährung feststellbar, sodass der Anteil bereits mit dem 16. Lebensjahr relevant zurückging.

6. Am Beispiel des Bagatelldelikts Ladendiebstahl konnte gezeigt werden, dass dieser entlang des Lebenslaufs und im Verhältnis zu anderen Delikten zu einem früheren Zeitpunkt begangen wird, den Belastungshöhepunkt eher erreicht und dementsprechend zeitiger wieder zum Abbruch kommt. Die

Normen der Bezugspersonen zeigen für die Entscheidung für oder wider die Tat nur wenig Relevanz im Gegensatz zur individuellen Einstellung.

7. Ein direkter Zusammenhang zwischen Medienkonsum (Film- und Fernsehen) und Delinquenz konnte nur in schwach ausgeprägter Form festgestellt werden.

8. Eine Verbindung von gewaltsamer Erziehung und Gewaltdelikten wurde in moderater Ausprägung erkannt.

9. Gewaltdelikte konnten im Vergleich von Haupt- und Sonderschülern mit Realschülern und Gymnasiasten in wesentlich erhöhtem Maße der ersten Gruppe zugeordnet werden, wohingegen die Unterschiede bei Eigentumsdelikten und Sachbeschädigungen weniger stark vorhanden waren. Gymnasiasten wiesen die geringste Kriminalitätsbelastung auf.

10. Die Schule wird als sicherer Ort wahrgenommen und das Klassenklima in der Mehrzahl positiv bewertet.

11. Es werden Spontanabbrüche bereits in der Mitte des Jugendalters diagnostiziert, die mit zunehmender Rechtsnormorientierung und abnehmenden hedonistischen Wertebezug einhergehen. (vgl. ebd.)

Als eines der prägnantesten Ergebnisse dürfte die festgestellte Spontanbewährung bei Mehrfachtätern der Gewalt anzusehen sein.

Der spontane Abbruch steht in direktem Widerspruch zu Heinz, der den normaltypischen passageren Delinquenzverlauf im Bereich der Jugendkriminalität auf die Massen- und Bagatellkriminalität beschränkt und so die Intensivtäter hiervon exkludiert. Im Weiteren sind die Münsteraner Befunde zur Spontanbewährung von Intensivtätern im Gegensatz zu einem lifecourse-persistent antisocial behavior zu sehen, das von Moffitt vertreten wird. Bezüglich eines weitergehenden Abgleichs wären jedoch vertiefte Kenntnisse über die Umstände des jeweiligen Lebenslaufs und der Rahmenbedingungen des Abbruchs notwendig.

Im Zusammenhang mit der Ableitung und Diskussion der kriminogenen Faktoren in Kapitel 5 werden die vorgenannten Befunde reflektiert und in der Moderation verschiedener Gesichtspunkte in den kriminologischen Gesamtzusammengang eingepasst.

3.2.2   Gutachten zur Gewaltentwicklung in Deutschland

Eine Forschergruppe um die Professoren Christian Pfeiffer und Dirk Baier beschäftigte sich im Auftrag des Bundesministeriums für Familie, Senioren, Frauen und Jugend mit der Gewaltentwicklung in Deutschland und legte im Jahr 2018 ein Gutachten als Datenanalyse mit den Schwerpunkten Jugendliche und Flüchtlinge als Täter und Opfer vor. Vorliegend werden in knapper Form die Befunde zum Entwicklungsverlauf jugendlicher Gewaltkriminalität und insbesondere wesentliche Erklärungsansätze zur Rückläufigkeit der Jugendgewalt dargestellt. Der Schwerpunktbereich Flüchtlinge wird nicht erörtert, wenngleich mit Heinz bereits auf die kriminalpolitische Dimension und den Bedeutungsgehalt der Thematik hingewiesen wurde.

Pfeiffer et al. (2018, S. 5f.) verweisen hinsichtlich einer verlässlichen Bewertung der Gewaltentwicklung auf die Hellfelddaten der polizeilich registrierten Delikte in Verbindung mit Ergebnissen aus Dunkelfeldstudien, sodass die Datenbezugsquellen der Studie mit denen dieser Masterarbeit korrespondieren. Aus der gemeinsamen Datenbasis wird Vergleichbarkeit[41] insoweit hergestellt, als die Bezugnahme auf wesentliche und - im Sinne der jugendfaktoriellen Fragestellung - anschlussfähige Befunde erfolgt.

Die benannten Datenquellen zeigen für Deutschland ein deutliches Absinken der Jugendgewalt im letzten Jahrzehnt. Dies wird in der Polizeilichen Kriminalstatistik deutlich, die im Zeitraum von 2007 bis 2015 einen Rückgang der Tatverdächtigenbelastungszahlen bei der Gewaltkriminalität in der Gruppe der Jugendlichen von 50,4 % ausweist. Diese Reduktion wird auch im Schulkontext in Form der Raufunfälle[42] sichtbar. Der Befund findet zudem in wiederholten Dunkelfeldbefragungen des Kriminologischen Forschungsinstituts Niedersachen Bestätigung, wo im Zeitraum von 1998 bis 2015 der Anteil derer, die angaben, eine Körperverletzung begangen zu haben, von 18,4 % auf 4,9 % zurückging bzw. bei den Raubtaten ein

---

[41] In der Darstellung von Studienergebnissen können sich Einschränkungen in der Vergleichbarkeit insbesondere aus Abweichungen in der Untersuchungsfragestellung, den Untersuchungsgegenständen oder Divergenzen in der Operationalisierung von Fragestellungen ergeben.

[42] Die Raufunfälle mit Schulzusammenhang werden von der Gesetzlichen Unfallversicherung statistisch erfasst. Diese Erfassung beruht auf den Meldungen der Schulleiter, die entsprechende versicherungsrelevante Tatbestände melden müssen (vgl. Pfeiffer et al. 2018, S. 21). „Im Jahr 1999 wurden pro 1.000 Schülerinnen und Schüler noch 14,9 Raufunfälle registriert, 2015 nur noch 8,7. Die Zahl schwerer innerschulischer Gewaltvorfälle, d.h. von Raufunfällen, die in Frakturen geendet haben, ist im selben Zeitraum von 1,3 auf 0,6 gesunken." (Pfeiffer et al. o. J., S. 5).

Rückgang von 4,7 % auf 0,4 % festgestellt wurde (vgl. Pfeifer et al. o. J., S. 5).

Für die Erklärung der rückläufigen Zahlen rekurrieren die Forscher auf empirisch nachgewiesene Faktoren, die die Gewaltausübung beeinflussen (vgl. ebd.). Nachfolgende Erkenntnisse werden aus einer Zusammenstellung der Gutachtenergebnisse extrahiert und im Fortgang dieser Arbeit ergänzend zu den Befunden von Boers und Reinecke verwandt:

1. Der Anteil von Jugendlichen mit höheren Schulabschlüssen ist seit dem Ende der 1990er Jahre angestiegen, wohingegen der Anteil der Jugendlichen ohne Abschluss sich bis zum Jahr 2015/16 stark reduziert hat. Die Jugendarbeitslosigkeit reduzierte sich von 2004 bis 2016 von 15,3 % auf 6,8 %.

2. Das Aufwachsen in der Familie findet vermehrt gewaltfrei statt (Anstieg von 43,3 % auf 60,8 %). Hierzu können als Parallelentwicklung zunehmende Häufigkeiten positiver Erziehungsstile und Zuwendung auf emotionaler Ebene erkannt werden.

3. Die familiäre Sozialisation wird in Bezug auf die Verhaltensweisen von Jugendlichen als ebenso wichtig angesehen wie die Sozialisation im Freundeskreis.

4. Schulschwänzen ist Risikofaktor und geht in der Tendenz zurück.

   (vgl. ebd., S. 5f.)

Als wichtiger Punkt ist anzumerken, dass sich die von Pfeiffer et al. gewählte Kategorie des Gewaltbegriffs an der Definition der PKS orientiert, wonach „die Gewaltkriminalität primär aus vier Gruppen von Gewalttaten [besteht]: vorsätzliche Tötungsdelikte, Vergewaltigung/sexuelle Nötigung, Raubdelikte und gefährliche/schwere Körperverletzung" (Pfeiffer et al 2018, S. 83). Dieser Umstand muss Erwähnung finden, weil hieraus entnommen werden kann, dass die vorsätzliche einfache Körperverletzung in die Darstellung des Rückgangs von Gewaltdelikten nicht miteinbezogen ist und zudem in diesem Deliktsbereich gegenläufige Entwicklungen erkennbar sind. „Im Widerspruch zu allen anderen betrachteten Delikten gilt für dieses Delikt ein kontinuierlicher Anstieg, der auch nach 2007 weitergeht. Während 1998 deutschlandweit 237.493 vorsätzliche, leichte Körperverletzungen registriert wurden, waren es 2016 406.038. Die Häufigkeitszahl hat sich in diesem Zeitraum um 70,7 % erhöht." (ebd., S. 10)[43] Als Begründung für den Anstieg wird der gesellschaftliche Wandel angeführt, der zu einer erhöhten Sensibilität auch gegenüber leichteren Körperverletzungsdelikten und in Folge zu gesteigertem Anzeigeverhalten geführt hat (vgl. ebd.). Dieser Befund wird so auch in der angesprochenen Bochumer Studie geteilt. Die Überprüfung der PKS-Zahlen zeigt hingegen für 2017 einen leichten Rückgang der vorsätzlichen einfachen Körperverletzungen auf 394.610 Delikte (vgl. Bundeskriminalamt 2017 (Bd. 4), S. 37).

Das Thema Jugendgewalt entfaltet im Kontext der Jugendkriminalität plakative Wirkung. Hierzu trägt der angesprochene publizistisch-politische Verstärkerkreislauf bei, dessen Mechanik bei Dollinger und Schmidt-Semisch um die Komponente der polizeilichen

---

[43] Die Häufigkeitszahl drückt die Zahl der Fälle auf 100.000 Einwohner aus.

Presseberichte erweitert wird und so zusammen mit den
Massenmedien spezifische Formen abweichenden Verhaltens
besonders hervorhebt (vgl. Dollinger und Schmidt-Semisch 2011,
S. 11). „So ist insbesondere physische Gewaltanwendung gegen
Personen deutlich überrepräsentiert." (ebd.) Eine differenzierte
Sichtweise verlangt jedoch nach dem Hinweis, dass die starke
Assoziation von Jugendkriminalität und Jugendgewalt, welche in
Teilen bis zur Gleichsetzung ausgeprägt ist, nicht gänzlich über die
Konstruktion oder durch Zuschreibungsprozesse der Medien oder
sonstiger Institutionen erklärt werden kann. Daneben steht die
Intensität und Qualität einer Gewalthandlung als eigenständiger
Faktor. Die Verletzung des persönlichen Nahbereichs in Gestalt eines
tatsächlichen Eingriffs in die körperliche Integrität hebt sich durch die
körperlichen und insbesondere psychischen Folgewirkungen von
übrigen Delikten wie etwa Ladendiebstählen oder
Vermögensdelikten ab. Als eine der psychischen Folgewirkungen
kann die Beeinträchtigung des subjektiven Sicherheitsgefühls
angesehen werden. Die Erforschung des persönlichen
Sicherheitsempfindens und der Viktimisierungsängste greift in der
neueren Kriminologie Platz und wird durch Arbeiten des Max-Planck-
Instituts für ausländisches und internationales Strafrecht in Freiburg
als Forschungsprojekt *Barometer Sicherheit in Deutschland (BaSiD)*
oder der Bochumer Bürgerbefragung, die aufgrund der
Langzeitvergleichbarkeit richtungsweisend ist, umgesetzt.

Als Bewertungskriterium und Einordnungshilfe bleibt festzuhalten,
dass die PKS Kennzahlen für die Gruppe der Tatverdächtigen
Jugendlichen und Heranwachsenden einen Wert von insgesamt
358.574 statuieren, der in Beziehung zu 100.385 Tatverdächtigen der
physischen Gewalt (Gewaltdelikte und einfache vorsätzliche
Körperverletzung) zu setzen ist. Zusammenfassend kann daher für die
registrierten Tatverdächtigen aus den relevanten Gruppen gesagt

werden, dass der Anteil der physischen Gewalt an der
Gesamtkriminalität junger Menschen 28 % beträgt.[44] Der Befund
zeigt, dass die synonyme Verwendung der Termini Jugendgewalt und
Jugendkriminalität in Verbindung mit psychologischen
Wirkungszusammenhängen entsteht und diese mit prozesshaft
ablaufenden multimedialen Verarbeitungsmechanismen physischer
Gewalt einhergehen. Die rational-quantitative Bewertung steht
hierbei hinten an.

4   Überleitung und Hinführung zum kriminaltheoretischen Rahmen

Durch die Herleitung und definitorische Bestimmung relevanter
Begriffe aus dem Kontinuum der Jugendkriminalität konnte in
Verbindung mit der Rezeption des Grundbestands an Wissen über die
Struktur und Form der Jugendkriminalität Zugang sowohl zu den
Fragestellungen rechtlicher Kodifikation als auch hinsichtlich des
noch näher zu ergründenden Prozesses der Sozialisation geschaffen
werden. Die sich hieraus ergebende Sensibilisierung ist deshalb
notwendig, weil der Untersuchungsgegenstand Jugendkriminalität
vielschichtige Betrachtungsmöglichkeiten bietet und die

---

[44] Zum berechneten Verhältnis, welches sich auf das Hellfeld bezieht,
ist zu sagen, dass die Bezugswerte aus verschiedenen PKS Tabellen
entnommen wurden, da diese in keiner Tabelle zusammengetragen
und ausgewiesen werden. Im Einzelnen konnte die Gesamtzahl der
tatverdächtigen Jugendlichen und Heranwachsenden (TV) aus dem
Bericht des Bundesinnenministeriums zur Polizeilichen Kriminalstatistik
2017, S. 82 - Tabelle Tatverdächtige bei Straftaten insgesamt ohne
ausländerrechtliche Verstöße 6.3 – T 01 ebenso wie die Kennzahlen
zur Gewaltkriminalität aus Tabelle 4.2 – T 04 Altersstruktur der
deutschen und der nichtdeutschen TV bei Gewaltkriminalität, S. 33
entnommen werden. Hinzugezogen wurde die Anzahl der einfachen
vorsätzlichen Körperverletzungen aus der Veröffentlichung des BKA
(2017 (Bd. 4), S. 39, Tabelle 4 – 2.4 – T 04 Tatverdächtige-
Altersstruktur (Tabelle 20).

Einbeziehung verschiedener Aspekte aus unterschiedlichen Fachdisziplinen erforderlich wird, um sich dem Individuum und den umfassenden Abläufen und Auswirkungen der gesellschaftlichen Einbindung adäquat nähern zu können. Auch an diesem Punkt tritt das Paradigma von Anlage und Umwelt hervor, da in der Bewertung individueller Prozesse auch biologische Faktoren relevant werden können und diese neben den psychosozialen und sozialgesellschaftlichen Einwirkungsbedingungen gesehen werden müssen. So vollzieht sich der Zugang zur Erklärung und dem Verstehen von Jugendkriminalität auch entlang der Frage von Anlage und Umwelt. Im Rückblick auf die Kriminologiegeschichte stellt Christian Laue (2015, S. 81) hierzu Folgendes fest: „In Wellenbewegungen ist die Geschichte der Kriminologie durchzogen von den jeweils vorherrschenden Antworten auf die Frage, was menschliches Handeln bestimmt: Sind es eher körperlich-organische und damit vor allem (aber nicht nur) angeborene Merkmale, die einen Menschen kriminell werden lassen, oder ist es seine Umwelt, sind es also die äußeren Umstände insbesondere die Sozialisation und die soziokulturellen Lebensbedingungen eines Menschen, die sein Handeln bestimmen." In der zeitlichen Abfolge der vorherrschenden Antworten kann mit Heike Jung (2007, S. 74) eine Präzisierung dahingehend vorgenommen werden, dass „die Entwicklung der kriminologischen Theoriebildung von den kriminalbiologischen zu den kriminalsoziologischen Ansätzen verlaufen" ist und sich dementsprechend über Lombrosos[45] Lehren

---

[45] Cesare Lombroso (* 06.11.1835) gilt als einer der Urväter wissenschaftlicher Kriminologie. Er lehrte als Medizinprofessor in Turin und unternahm erste empirische Untersuchungen, um *den Verbrecher* an äußerlichen Merkmalen erkennen zu können. Hierzu führte er u. a. Schädelvermessungen bei Strafgefangenen durch, um Charaktereigenschaften körperlichen Merkmalen zuordnen zu können (vgl. Schwind 2016, S. 103 f.). Ausführungen zu Lombrosos Atavismus

des Verbrechers qua Geburt bis hin zu interaktionistischen Ansätzen
des Labeling vollzogen hat (vgl. ebd.). Die Tendenz einer Wiederkehr
biologisch orientierter Ansätze (vgl. ebd.) wird vorliegend im
Gliederungsabschnitt 5.3.2 aufgegriffen und in wenigen Ansätzen
angesprochen.

Die Kriminalitätstheorien sind als Näherungs- Ordnungs- und
Systematisierungsinstrumente zur Erfassung und Entschlüsselung der
Kriminalität anzusehen. Nach Kunz und Singelnstein (2016, S. 55)
geht es um „gedankliche Operationen zur Erfassung der Wirklichkeit
über den wahrgenommenen Einzelfall hinaus", sodass „Theorien [...]
die Komplexität der Wirklichkeit so weit [vereinfachen], dass ein
Verständnis von Wirkungszusammenhängen möglich wird" (ebd.). In
diesem Zusammenhang sei angeführt, dass die Erfassung der
Wirklichkeit einen Anspruch darstellt, der weder von einem
theoretischen Modell noch von der zugehörigen Empirie vollends
erfüllt werden kann. Diese Einschätzung ergibt sich aus dem
entsprechenden soziologischen Diskurs um das Alltagsbewusstsein
und die die soziale Wirklichkeit, welche nicht etwa vorgefertigt und
zugriffsbereit offenliegt, „sondern [...] mit Hilfe der uns zur Verfügung
stehenden Möglichkeiten in jeweils spezifischer Weise interpretiert"
(Schülein und Brunner 1994, S. 4) werden muss. Die Theorien können
dementsprechend Interpretationswerkzeug und Näherungsmodell
sein.

Den Nimbus einer Kriminalitätstheorie als Vehikel zur umfassenden
Erklärung von Kriminalität und deren Ursachen gilt es mit Neubacher
(2017, S. 87) abzuschwächen, der auf die eingeschränkte Reichweite

---

und den durchaus vielfältigen, wenn auch früh widerlegten, Arbeiten
finden sich bei Knepper und Ystehede 2013 und Menne 2017.

von Kriminalitätstheorien verweist und in der Betrachtung makro- bzw. mikrotheoretischer Ansätze zu folgendem Schluss kommt:

> „Eine Theorie, die alles erklärt und in neuem Licht erscheinen lässt, gibt es nicht, und alles spricht dafür, dass das so bleiben wird. Allgemeine Theorien von großer Reichweite (Makrotheorien), die mit dem Anspruch auftreten, alle Phänomene unabhängig von unterschiedlichen Alters- bzw. Deliktsgruppen sowie für jeden kulturellen Kontext zu erklären, können diesen Anspruch empirisch kaum einlösen. Das kann angesichts der Vielgestaltigkeit des sozialen Lebens eigentlich niemand überraschen. [...] Umgekehrt sind Theorien kurzer oder mittlerer Reichweite (Mikrotheorien) auf die Erklärung bestimmter Deliktsphänomene ausgerichtet und können diese zufriedenstellend erfassen – andere aber wiederum nicht." (Neubacher 2017, S. 87)

Von der Begrenztheit kriminologischer Theorien gehen auch Kunz und Singelnstein (2016, S. 57) aus, da durch die unterschiedlichen Perspektiven der Bezugswissenschaften auf stringente Theorien lediglich eine „bestimmte Wahrnehmung von Kriminalität vermittel[t]" (ebd.) wird.

Der Hinweis auf die Einschränkungen der Kriminalitätstheorien erfolgt deshalb so dezidiert, da oftmals falsche Vorstellungen über deren Aussagekraft oder Anwendungsmöglichkeit bestehen und die Erwartung vorherrscht, „erst mit den Kriminalitätstheorien zum eigentlich Kern der Kriminologie vorzudringen" (Neubacher 2017, S. 87). Der angesprochene Malus eines streng fachbezogenen Betrachtungswinkels der jeweiligen Bezugsdisziplin und damit einhergehende Eindimensionalität findet Beachtung und wird in der Gesamtschau unter Einbindung der verschiedenen Ansätze im Einklang mit erfahrungswissenschaftlichen Ergebnissen ausgeglichen, sodass die Arbeit diesbezüglich auf einer Metaebene agiert. Als wesentlicher Vorteil der Kriminalitätstheorien lässt sich eine Form der Dynamik herausarbeiten, die sich etwa in Bezug auf verschiedene Deliktsphänomene in der Fähigkeit zur Abwandlung oder Weiterentwicklung des theoretischen Ansatzes zeigt (vgl. ebd.) und einerseits eng mit dem Vorbehalt der Bewährung (vgl. Jung 2007, S. 73) - im Sinne „der Popper'schen Konzeption [...] von Versuch und Irrtum" (ebd.) - verbunden ist und andererseits auch dadurch inspiriert und zur Wandlung angetrieben wird.

In der Folge werden die Theorien dem Untersuchungsgegenstand der Jugendkriminalität gemäß thematisiert und in Ergänzung bzw. unter Bezugnahme auf spezifische empirische Studien/Ergebnisse so aufbereitet, dass mit Blick auf die Untersuchungsfragestellungen, insbesondere bezüglich der kriminorelevanten Faktoren, eine Basis für die anschließende sozialwissenschaftliche Spiegelung gelegt ist.

Vorliegend wird die kriminaltheoretische Rahmung über die kontrolltheoretischen Überlegungen der Bindungstheorie von Hirschi und deren Weiterführung als Theorie der altersabhängigen informellen Sozialkontrolle von Sampson und Laub sowie unter Anwendung des lerntheoretischen Ansatzes von Sutherland umgesetzt.

Die Auswahl der Theorien erfolgte mit dem Anspruch der Varianz sowie mit Blick auf eine sozialgesellschaftliche bzw. sozialisationstheoretische Interpretationsmöglichkeit unter der Voraussetzung einer grundsätzlichen Übertragbarkeit auf den Untersuchungsgegenstand der Jugendkriminalität, um der Zielsetzung eines breit angelegten kriminologisch-sozialwissenschaftlichen Diskurses Rechnung zu tragen.

Aus der Gruppe der Kontrolltheorien wurde die Bindungstheorie von Travis Hirschi ausgewählt, weil diese über die Funktion der Bindungen und Bindungsformen im Kontext junger Menschen und deren familiären sowie sonstigen sozialen Bezugskategorien bearbeitet werden kann. Im Weiteren bietet sich über die theoretische Ergründung des Ansatzes von Hirschi die Möglichkeit die Bedeutung der Bindungen mit Sampson und Laub entlang des Lebenslaufs junger Menschen weiterzuverfolgen. Aus kriminologischer Sicht kann der dynamische Aspekt aus dem Umstand hergeleitet werden, dass die Jugendkriminalität dem Lebensabschnitt des Jugendlichen und Heranwachsenden ebenso wie des Jungerwachsenen zugeordnet werden kann. Sampson und Laub nehmen diese Dynamik über die Erhebung und Verwendung von Paneldaten auf, die eine Lebenslaufperspektive ermöglichen.

Der lerntheoretische Ansatz von Sutherland kann in Bezug auf das Lernen im sozialgesellschaftlichen Bezugsraum der Familie in den Untersuchungsprozess eingepasst werden. Im Weiteren bildet der Ansatz Möglichkeiten zur Kontextualisierung mit Blick auf den Medienkonsum als kriminogener Faktor.

5 Erklärungsansätze und kriminogene Faktoren der Jugendkriminalität

5.1 Kriminalitätstheorien

5.1.1 Die Bindungstheorie von Travis Hirschi

Die Kriminalität bzw. das normabweichende Verhalten wird in der Regel aus einer bestimmten Perspektive betrachtet, und insoweit können Kriminalitätstheorien nur in den Grenzen der eigenen Logik und Ausrichtung Aussagekraft entwickeln. Als besonders interessant und bei Kunz und Singelnstein (2016, S. 129) gar als revolutionär bezeichnet erweist sich der von Hirschi in seinem Buch Causes of Delinquency erstmals formulierte Ansatz einer sozialen Bindungstheorie deshalb, weil die „Konzeption des Verhältnisses von Abweichung und Konformität" (Prokop 2016, S. 113) eine besondere ist. Hirschi (1969, S. 4f.) verweist hinführend auf Thomas Hobbes und dessen Werk Leviathan[46], der die Frage danach aufwirft, warum die Menschen den gesellschaftlichen Regeln folgen. Aus der Fragestellung leitet sich für Hirschi die grundsätzliche Überlegung ab, dass die Abweichung als der Normallfall anzusehen und die Konformität erklärungsbedürftig ist (vgl. ebd., S. 10). Er bringt dies wie folgt auf den Punkt:

> „In the end, then, control theory remains what it has always been: a theory in which deviation is not problematic. The question ‚Why do they do it?' is simply not the question the theory is designed to answer. The question is, ‚Why don`t we do it?' There is much evidence that we would if we dared."
> (ebd., S. 34)

Hirschi setzt sich durch seine Akzentuierung also von den übrigen Kriminalitätstheorien ab und formuliert seinen Ansatz als Kontrolltheorie (vgl. Hirschi 1969, S. 230) unterschiedlicher sozialer Bindungsformen des Individuums in die Gesellschaft (vgl. ebd., S. 16), die je nach Art, Form und Ausgestaltung in direktem Zusammenhang mit konformem oder nonkonformem Verhalten stehen. Als Charakteristikum seiner Kontrolltheorie hält er fest, „that delinquent

---

[46] Das Werk von Thomas Hobbes ist als Standardwerk der politischen Philosophie anzusehen. Die Auslegung von Hirschi, wonach die Abweichung sozusagen den Normalfall menschlichen Verhaltens darstellt, kann als Anlehnung an den bei Hobbes beschrieben Menschen und dessen „Naturzustand" (vgl. Hobbes 2006) aufgefasst werden.

acts result when an individual`s bond to society is weak or broken"
(ebd.). Aus der kontrolltheoretischen Logik, die sich „auf die
interindividuell variierende Wirksamkeit sozialer Kontrolle" (Kunz und
Singelnstein 2016, S. 129) bezieht, ergibt sich demnach, dass gute
gesellschaftliche Bindungen und soziale Beziehungsgeflechte
Jugendkriminalität verhindern. In der Folge arbeitet Hirschi (1969,
S. 16ff.) die Bindungsformen Attachment, Commitment to
Conventional Lines of Action, Involvement in Conventional Activities
sowie Belief heraus und untersucht deren Stellung im Kontext
kriminellen Verhaltens. Aus den Elementen, „deren Intensität die
Wahrscheinlichkeit krimineller Betätigung verringert" (Kunz und
Singelnstein 2016, S. 130), bestimmt sich die soziale Zugehörigkeit
(vgl. ebd.).

5.1.1.1   Attachment

Dieses Element führt zurück auf die Grundaussage der Bedeutung
sozialer Einbindung in die Gesellschaft und wird von Hirschi als so
wesentlich angesehen, dass er die Verbindung des Individuums mit
der Gesellschaft als die „essence of internalization of norms" (Hirschi
1969, S. 18) begreift und dementsprechend herausstellt.
Insbesondere die Verbindung mit den Eltern erfährt große
Aufmerksamkeit als „central variable" (ebd., S. 86) und gewinnt
deshalb enorm an Bedeutung, weil die Eltern-Kind-Beziehungen bei
delinquenten Personen weniger eng ausgeprägt sind als bei nicht
delinquenten Personen (vgl. ebd., S. 85). Hirschi stellt schlussfolgernd
fest:

> „The more strongly a child is attaches to his parents, the
> more strongly he is bound to their expectations, and
> therefore the more strongly he is bound to conformity with
> the legal norms of the larger system." (ebd., S. 94)

Die familiäre Bindung zeigt sich im Weiteren auch in der Familienkommunikation, die als wesentlicher Faktor angesehen wird (vgl. ebd., S. 108).

Vor dem Hintergrund der Schule als Instanz sozialer Integration stellt Hirschi (1969, S. 115) den positiven Zusammenhang von Schulerfolg und konformem Verhalten heraus. Er spezifiziert auf der Ebene der Selbstwahrnehmung dahingehend, dass der Glaube an die eigenen Fähigkeiten - im Sinne eines positiven Selbstwerts - die Einstellung zur Schule verändert und das Verhalten dadurch in positiver Weise beeinflusst wird (vgl. ebd., S. 117). Der Umkehrschluss bedeutet, dass sowohl Familie als auch Schule wesentliche Faktoren und Richtungsgeber im Kontext der Jugendkriminalität darstellen.

5.1.1.2   Commitment to Conventional Lines of Action

Diese Bindungsform identifiziert die Jugendlichen über verschiedene Karrierelinien, etwa die der Bildung, des Berufs oder hinsichtlich der Übergangsphase in den Erwachsenenstatus, sodass im günstigen Fall aus der sukzessiven Abfolge und dem positiven Ineinandergreifen der Linien eine durchgängige Bindung an konforme Verhaltensweisen erwächst (vgl. ebd., S. 162f.). Hierbei entsteht eine Form der Leistungsverpflichtung (commitment to achievement), die mit den vorgenannten personalen Bindungen des attachments to conventional others korreliert (vgl. ebd., S. 28). Die Konformität und insbesondere der daraus gewonnene Status erfährt die Bedeutung „eines legalen Besitzstandes, der durch kriminelle Aktivität aufs Spiel gesetzt würde, und der bei der rationalen Entscheidung für kriminelles Verhalten als Kostenfaktor gegenüber dem möglichen kriminellen Nutzen abzuwägen" (Kunz und Singelnstein 2016, S. 130) wäre. Der Status und insbesondere dessen Sicherung erweist sich in vorliegendem Verständnis in positiver Weise als Antriebsfeder und Schutzmechanismus gegen nonkonformes Verhalten. An diesem

Punkt bleibt zu erwähnen, dass die Konstruktion des Status und die Mechanismen seiner Verteidigung, auch jenseits der Frage von Kriminalität, insbesondere mit Blick auf die Soziologie von Pierre Bourdieu[47] und dessen Habituskonzept, Rückschlüsse auf das menschliche Verhalten ermöglichen und somit in dieser Arbeit nutzbringend Anwendung finden.

5.1.1.3 Involvement in Conventional Activities

Hier werden die Einbindung und Vernetzung in die normalen Aktivitäten des Alltags angesprochen. Neubacher (2017, S. 101) erfasst diese Bindungsform als „faktische Teilhabe am gesellschaftlichen Leben", welche „zeitlich betrachtet weniger Gelegenheiten zu kriminellem Verhalten" (ebd.) lässt. Ausweislich dieser Verortung der Einbeziehung in die sozialgesellschaftlichen Prozesse wird eine praktische Komponente deutlich, die mit Kunz und Singelnstein auf die Kurzform *-keine Zeit für dumme Gedanken und Taten-* (vgl. 2016, S. 131) heruntergebrochen werden kann.

5.1.1.4 Belief

Die Bindungsformen werden komplettiert durch den Glauben an die moralische Gültigkeit von Regeln (vgl. Hirschi 1969, S. 29). Es handelt sich „um die Bindung über gemeinsame Werte und Normvorstellungen" (Neubacher 2017, S. 101). Vor dem Hintergrund der sozialen Rolle der Familie ist zu ergänzen, dass der Respekt vor und für die Eltern entscheidende Bedeutung für die Akzeptanz der Regeln in Gänze hat (Hirschi 1969, S. 30).

Die Bindungstheorie bezieht ihren wissenschaftlichen Erkenntnis- und Stellenwert nicht nur aus dem bereits erwähnten besonderen Zugang, sondern sie zeigt sich in der Lage „schützende Umstände"

---

[47] Die soziologische Aufarbeitung erfolgt im Gliederungsabschnitt 5.3.1.

(Neubacher 2017, S. 101) auszuweisen und hierdurch etwa zu erklären, „warum manche Personen sich normkonform verhalten, obwohl sie aus ‚schlechten Verhältnissen' kommen" (ebd.). Ferner eröffnet sie Möglichkeiten der Kriminalprävention (vgl. ebd.). Die Kritik ergibt sich aus dem Einwand, dass es beim Fehlen entsprechender Bindungen durchaus zu konformen Verhalten kommt und im Weiteren unterschiedliche Verläufe feststellbar sind, etwa bei Geschwistern, obgleich eine ähnliche Sozialisation vorliegt (vgl. Schwind 2016, S. 130).

Es können zudem vor dem Hintergrund einer US-amerikanischen Vorstellungswelt der 1950er und 1960er Jahre klassenspezifische Argumentationsmuster identifiziert werden, die sich auf das Gemeinwesen in Deutschland und insoweit auch auf das Phänomen der Jugendkriminalität nicht übertragen lassen. Beispielhaft sei die Bezugnahme Hirschi`s auf Walter B. Miller[48] erwähnt und die Einteilung bzw. Ableitung der Wertvorstellungen über die Klassenzugehörigkeit der lower class oder der middle class (vgl. Hirschi 1969, S. 212ff.) angesprochen.

Es bleibt hinzuzufügen, dass die Bindungstheorie von Hirschi durch eine entsprechende empirische Datenlage unterfüttert ist. Die Kennzahlen seiner Studie entstammen als Bestandteil des „Richmond Youth Projects" aus Schulberichten, Polizeiberichten und den Befragungen von 17.500 Schülern aus dem Großraum San Francisco im Jahr 1964 (vgl. ebd., S. 35ff.).

Hirschi hat zwischenzeitlich zusammen mit Gottfredson die Theorie der niedrigen Selbstkontrolle entwickelt, welche in weitestgehender

---

[48] Hirschi bezieht sich auf Millers Aufsatz *Lower Class Culture as Generating Milieu of Gang Delinquency.* Walter Miller beschäftigte sich als Ethnologe intensiv mit delinquenten Subkulturen, etwa der Bandenkriminalität.

Abkehr von der Bindungstheorie als Hinwendung zu einer individualzentrierten Sicht aufzufassen ist, in der auf die fehlende Fähigkeit des Individuums zur Selbstkontrolle rekurriert wird und gemäß der die Kriminalität als Folge einer impulshaften und kurzfristigen Reizbefriedigung entsteht (vgl. Gottfredson und Hirschi 1990, S. 85ff.). Die niedrige Selbstkontrolle hängt mit dem Erziehungsverhalten der Eltern und erbbiologischen Komponenten zusammen (vgl. Schwind 2016, S. 172), welche zur „mangelnde[n] Steuerungsfähigkeit bzw. geringe[r] Triebkontrolle" (ebd.) führen. In dieser Arbeit erfolgt daher der Brückenschlag hin zu den entwicklungsbiologischen und psychologischen Überlegungen im Abschnitt 5.3.2, um so die Argumentationsbasis zu erweitern und auch unter Bezugnahme auf das Modell der niedrigen Selbstkontrolle auf die Untersuchungsfragestellung einzugehen.

5.1.2 Die Theorie der altersabhängigen informellen Sozialkontrolle von Sampson/Laub

Der Ansatz von Sampson und Laub knüpft an die Kontrolltheorie von Hirschi an und unterstreicht im Grundsatz die Wichtigkeit der sozialen Vernetzung. Die Bindungen werden von Sampson und Laub aus der Längsschnittperspektive eines Lebenslaufs heraus betrachtet und hierbei die Kindheit ebenso wie das Erwachsensein einbezogen (vgl. Sampson und Laub 1993, S. 7). So kann es aus einem soziologischen Blick auf die Kriminalität gelingen, dem Kindheitsverhalten und dessen Implikationen bzw. Auswirkungen auf das Erwachsenenleben im Lebenslauf zu folgen und diesem gerecht zu werden (vgl. ebd., S. 6). Die Lebenslaufperspektive wird über die Analyse und weiterführende Nutzung umfangreicher Datenmengen aus der Studie Unraveling *Juvenile Delinquency* des Ehepaars Glueck[49]

---

[49] Sheldon und Eleanor Glueck untersuchten im Zeitraum von 1940 bis 1965 in insgesamt drei Wellen das kriminelle Verhalten von

abgebildet. Als Kernaussage lässt sich Folgendes festhalten: „[T]he influence of social bonds interacts with age and life experiences" (Laub und Sampson 2003, S. 39). Hieraus wird deutlich, dass die sozialen Bindungen variieren, von dynamischem, temporärem Charakter sind und sich aus der jeweiligen Lebenssituation ergeben. Durch die Anbindung an Familie oder den Freundeskreis und die weitergehende sozialgesellschaftliche Vernetzung des Individuums entsteht ein System informeller Sozialkontrolle, das je nach Intensität und Ausprägung der Bindungen als maßgeblich für konformes Verhalten oder Kriminalität wirkt. Der Lebenslauf gibt hierbei vor, dass den unterschiedlichen Entwicklungsstufen des Lebensalters entsprechend verschiedene Anknüpfungspunkte der Sozialkontrolle gegenüberstehen. In Kinder- und Jugendtagen sind dies in der Hauptsache Familie und Schule sowie später bei Heranwachsenden und Jungerwachsenen[50] zunehmend das berufliche Umfeld oder

---

Jugendlichen und Erwachsenen. Hierzu wurden 500 delinquente Personen und 500 nicht delinquente Personen im Alter von 10-17 Jahren entsprechend einer Übereinstimmung von Alter, Ethnie, Intelligenzquotient und Herkunft ausgesucht (vgl. Laub und Sampson 2003, S. 61). Siehe hierzu Glueck, Eleanor und Glueck, Sheldon (1950/1968). Laub und Sampson analysierten die Daten der Gluecks´s und vervollständigten die Untersuchungen in einer 4. Welle, bei der die zwischenzeitlich in fortgeschrittenem Alter (70 Jahre) befindlichen Panelteilnehmer erneut aufgesucht und befragt wurden, sodass eine Lebenslaufperspektive abgebildet werden konnte (vgl. Laub und Sampson 2003, S. 61 ff.).

[50] Der Begriff der Jungerwachsenen bezeichnet bereits in der Abbildung 3 eine eigene Kategorie und umfasst die kriminologisch relevante Altersgruppe der 21- bis unter 25- jährigen Personen. Die Relevanz ergibt sich aus der erhöhten Kriminalitätsbelastung im Vergleich zu älteren Personen und vor dem Hintergrund biologischer, charakterlicher und sozialgesellschaftlicher Reifungsprozesse, die ggfs. über das 21. Lebensjahr hinaus andauern, jedoch strafrechtlich im Jugendgerichtsgesetz keine Bedeutung haben.

Partnerschaften (vgl. Thomas 2015, S. 49). Das Fehlen oder die Schwächung der sozialen Bindungen begünstigt kriminelles Verhalten, wobei es sich dabei nicht um einen unumkehrbaren Prozess handelt, wie sich aus der Konzeption der „turning points" ergibt. Sampson und Laub (1993, S. 8f.) beschreiben Schule, Arbeit, Militär, Heirat und Elternschaft als Wendepunkte im Leben, die in Form sozialer Institutionen oder als Lebensereignisse, einschneidend und begradigend wirken (vgl. ebd.). Stelly und Thomas (2004, S. 31) sehen „den Lebenslauf als Abfolge von biologischen, psychologischen und sozialen Prozessen über den Zeitverlauf", wobei aktuellem Verhalten große Bedeutung zukommt (vgl. ebd.). Hinsichtlich des Übertragungszusammenhangs zwischen Kriminalität im Jugendalter und deren Weiterführung im Erwachsenenalter ist es so, dass „soziale Auffälligkeiten in Kindheit und Jugend [...] zu schwachen sozialen Bindungen als Erwachsener [führen], welche wiederum soziale Auffälligkeiten in der Erwachsenenzeit wahrscheinlicher machen" (ebd., S. 30f.). Es wird ein Zusammenhang zwischen Kindheitserfahrungen und abweichendem Verhalten sowie deren Prägungswirkung für den weiteren Lebensweg konzediert (vgl. ebd., S. 31), wenngleich die Theorie von Sampson und Laub „Raum für Veränderungen und Sozialisationserfahrungen als Erwachsener" (ebd.) lässt. Hinzu kommt, dass eine Annahme, die davon ausgeht, dass den verhaltensbeeinflussenden Faktoren des Erwachsenenalters im Vergleich mit denen des Kindheits- und Jugendalters eine geringere Relevanz zukommt, abzulehnen ist (vgl. Sampson und Laub 1993, S. 7). Die Wendepunkte[51] wirken situationsspezifisch als Einschnitte im Lebensweg, welche die Vergangenheit von der

---

[51] Das Konzept der Wendepunkte beschreibt „den Wandel der Kriminalitätsbelastung von Personen in Abhängigkeit biographischer Ereignisse" (Wickert 2018, o. S.). Wendepunkte können „kriminelles Verhalten entweder verstärken, abschwächen oder unterbrechen" (ebd.).

Gegenwart abtrennen (vgl. Laub und Sampson 2003, S. 148), und
insoweit wäre die Konzeption der Wendepunkte als fundierter und
direkter Widerspruch zum lifecourse-persistent Ansatz bei Moffitt zu
verstehen. Bei näherer Betrachtung ist jedoch relativierend
anzumerken, dass die Ansätze von Sampson und Laub, Hirschi und
Moffitt gleichermaßen davon ausgehen, das frühe Impulse in der
Erziehung über das Jugendalter hinaus übertragen werden.
Hinsichtlich der Wendepunkte geht Moffitt davon aus, dass kein
Widerspruch zur dualen Tätertaxonomie besteht. Sie führt hierzu
aus: „as they enter adulthood adolescence-limited offenders should
get good partners and jobs that help them to desist from crime,
whereas life-course persistent offenders should selectively get
undesirable partners and jobs and in turn expand their repertoire as
young adults into domestic abuse and workplace crime" (Moffitt
2006, S. 302f.).

Zusammenfassend und insbesondere unter Beachtung und in der
Zusammenschau von quantitativen und qualitativen Daten führen
Laub und Sampson (2003, S. 293) nachfolgendes aus:

> „Although we do not abandon control theory, we see other
> concepts as equally relevant for understanding persistent
> offending and desistance from crime over the life course. [...]
> these concepts include personal agency and situated choice,
> routine activities, aging, macro-level historical events, and
> local culture and community context."

Diese Folgerungen sind als theoretische Erweiterung ihres Ansatzes
zu verstehen, dessen intrinsische Schwäche einer statischen
Formgebung durch die dynamischen Komponenten der
Längsschnittbetrachtung bereichert wird (vgl. ebd., S. 292). In der
Bemühung um das Verständnis der Kriminalität im Lebenslauf wird
das Prinzip der situativen Entscheidung als zentral angesehen

(vgl. ebd., S. 293) und der Aspekt der Motivation (vgl. ebd., S. 292) angeführt. Das Treffen situativer Entscheidungen führt dazu, dass das Individuum als Teilnehmer der eigenen Lebensgestaltung agiert (vgl. ebd., S. 38) und sich zu einem gewissen Grad von Institutionen der Sozialkontrolle bzw. den Vorgaben und Erwartungshaltungen, die sich aus den Bindungsbeziehungen ergeben, emanzipiert.

Bemerkenswert ist in diesem Zusammenhang, dass sowohl Hirschi als auch Sampson und Laub ihre Ansätze in einer Weise modifiziert haben, die auf eine stärkere Betonung des Individuums und dessen persönlicher Ausstattung an Selbstkontrolle oder Motivation hinausläuft und daher im übertragenen Sinne als Entflechtung aus dem Sozialgefüge verstanden werden kann.

5.1.3 Die Theorie der differenziellen Kontakte von Edwin Sutherland

Als Kernaussage lässt sich im Sinne von Sutherland festhalten, dass kriminelles Verhalten gelernt wird: „Criminal behavior is learned." (Sutherland und Cressey 1970, S. 75). Diese lerntheoretische Auffassung zeichnet insoweit gegenüber den Modifikationen bzw. dem angesprochenen Entwicklungsverlauf bei Hirschi bzw. Samson und Laub, der hin zu einem eher individualzentrierten Verständnis fortgeführt wurde, einen antizyklischen Verlauf, weil dabei die sozialen Bezüge, die dem Lernen sachlogisch innewohnen, in den Vordergrund gestellt werden. Das Erlernen der Kriminalität erfolgt daher als „interaction with other persons in a process of communication" (ebd.), wobei der hauptsächliche Teil über die intimen Gruppen vermittelt wird (vgl. ebd.). Hierunter werden nach Bentrup (2014, S. 47) vorwiegend die Eltern und der engste Freundeskreis verstanden. Kriminalität ist die Folge eines Überschusses an negativen gegenüber positiven Einstellungen hinsichtlich der Einhaltung von Regeln (vgl. Sutherland und Cressey

1970, S. 75). Hierbei handelt es sich um eben jene differenziellen Kontakte, die einerseits namensgebend und andererseits so zu interpretieren sind, dass sie „nach Häufigkeit, Dauer, Priorität und Intensität" (Bentrup 2014, S. 47f.) variieren und so auf die Handlungen des Individuums einwirken können (vgl. ebd., S. 48). In vereinfachter Kurzform führen Sutherland und Cressey zur Wirkmechanik des Lernprozesses von kriminellem Verhalten aus: „When persons become criminal, they do so because of contacts with criminal patterns and also because of isolation from anticriminal patterns." (1970, S. 76) Es zeigt sich demnach die Relevanz von Lernmustern und die Bedeutung der Struktur bzw. der Zusammensetzung der Bezugsgruppen.

Der lerntheoretische Ansatz von Sutherland wird vorliegend komplementär zur Bindungstheorie bzw. zur Theorie der informellen Sozialkontrolle angesprochen. Hierdurch sollen eine Erweiterung des Blickfelds erreicht und die kontrolltheoretischen Vorstellungen einer urwüchsigen Kriminalität, welche dem Menschen naturgesetzlich innewohnt und über Bindungsgeflechte oder Institutionen sozialer Kontrolle eingehegt werden muss, relativiert werden. Eine weitere Begründung für die thematische Aufarbeitung der differenziellen Assoziation besteht in der direkten Konnektivität zur Untersuchungsfragestellung, nämlich insbesondere hinsichtlich des Medienkonsums als kriminogenem Faktor. Dies kann mit Bezugnahme auf Bentrup (2014, S. 50) verdeutlicht werden, die im vorliegenden Kontext die Mittler- und Kommunikationsgruppen Familie und Freunde um eine „virtuelle Gruppe" von „indirekte[n] Interaktionen" erweitert, unter die etwa der „Umgang mit Massenmedien"(ebd.) fällt. Den Medien wird so ein Stellenwert in der Kommunikation und in der Vermittlung von Verhaltensweisen bzw. sogar die Rolle als verhaltenswirksame Lernvorlage oder Verstärkerimpuls zuerkannt. Zur Gewichtung bleibt mit Sutherland und Cressey abschwächend einzuwenden, „that the impersonal agencies of communication, such as movies and newspapers, play a relatively unimportant part in the genesis of criminal behavior" (Sutherland und Cressey 1970, S. 75). Der von Sutherland und Cressey grundsätzlich konzedierte Einfluss der Medien ist auch im zeitgeschichtlichen Kontext[52] zu betrachten und vor dem Hintergrund fortschreitender medialer Diversität und technisch-gesellschaftlicher Evolution so zu werten, dass der mediale Einfluss auf den Lebens- und Wirkungskreis von Individuen im Zusammenspiel mit Sozialisationseffekten und Vergesellschaftung im Sinne sozialer Interaktionen eher zugenommen hat. Glaser spezifiziert das theoretische Konstrukt Sutherlands in Form der differenziellen Identifikation und geht hierbei weniger auf das Gewichtungsverhältnis bestimmter Einstellungen ein (vgl. Göppinger 2008, S. 136), sondern stellt darauf ab, „mit welchen realen oder imaginären Personen- oder Gruppen sich ein Individuum im Verlauf seiner Sozialisation identifiziert" (ebd.) und dadurch Vorbildwirkung für eigenes Verhalten entsteht (vgl. ebd.). Der Medienbezug ergibt sich somit daraus, dass der Lerntransfer auch über die Identifikation mit imaginären Personen (vgl. Jung 2007, S. 78) oder Gruppen vollzogen werden kann. Eine solche Einschätzung wird vor dem Hintergrund einer *Onlife-Welt*[53] heutigen Zuschnitts und umfassender

---

[52] Die Entstehungsgeschichte des Werkes beginnt bereits mit der Veröffentlichung unter dem Titel Criminology im Jahr 1924 und wird ab dem Jahr 1934 unter dem Titel Principles of Criminology fortgesetzt und mehrfach neu, und zum Teil unter Beteiligung weiterer Co- Autoren, aufgelegt. Aus der Verortung und Datierung zu Beginn des 20. Jahrhunderts wird klar, dass der hier angesprochene mediale Einfluss in der Hauptsache über Radioprogramme und Zeitungen vermittelt wurde.

[53] Der Begriff *onlife* soll die fortschreitende Verschmelzung von Online- und Offline-Welt beschreiben. Die Begriffsschöpfung wird Luciano Floridi zugeschrieben, der sich in seinem Werk The Fourth Evolution.

medialer Vernetzung bedeutsam. Glaser benennt die mediale
Komponente als eine von drei Ursachen der kriminellen
Identifikation. „Criminal identification may occur, for example during
direct experience in delinquent membership groups, through positive
refrence to criminal roles portrayed in mass media, or as a negative
reaction to forces opposed to crime." (Glaser 1956, S. 440) Die
angesprochene Wirkung der Massenmedien bei der Übertragung von
Rollenbildern wird im Abschnitt 5.1.3/5.2.3 nochmals betont und der
theoretische Ansatz von Sutherland und Glaser hinsichtlich
empirischer Evidenz untersucht. Eine Übersicht zum Forschungsstand
hinsichtlich der lerntheoretischen Ansätze findet sich bei Bentrup
(2014, S. 53ff.). Es lässt sich hierzu im Allgemeinen sagen, dass die
lerntheoretischen Ansätze empirische Bestätigung gefunden haben,
wenngleich die Studien in der Überprüfung uneinheitlich angelegt
und daher schwer vergleichbar sind (vgl. ebd., S. 53). Herausgestellt
werden kann der Umstand, dass die Eltern als Sozialisations- und
Lerninstanz über einen „gewaltsame[n] Erziehungstil einen
signifikanten Einfluss auf das Verhalten" (ebd., S. 60) des
Kindes/Jugendlichen/Heranwachsenden ausüben. Zudem kommt
entscheidend hinzu, dass auch kriminelles Verhalten der Eltern sowie
der Geschwister wesentliche Erklärungsgrößen für Kriminalität sind
(vgl. ebd.). Göppinger wendet in der lerntheoretischen Kritik
nachvollziehbar ein, dass mittels der Lerntheorien keine Aussage
hinsichtlich der Erklärung von „Trieb- und Affekttaten" (2008, S. 137)
gegeben werden kann. Positiv wird der lerntheoretische Ansatz in
seiner Anschlussfähigkeit für praktische Erwägungen bewertet, die

---

How the Infosphere is Reshaping the Human Reality ab Seite 59 hiermit
dezidiert beschäftigt. Die Entwicklung geht einher mit dem *Internet of
things*, also einer Welt in der Alltagsgegenstände in einer Weise
miteinander vernetzt sind, dass verstetigt in den Lebenskreis des
Menschen eingegriffen wird und hierdurch letztlich umfassende und
gesellschaftspolitisch relevante Prozesse in Gang gesetzt werden.

sich etwa in der Umsetzung entsprechender Konzepte im Strafvollzug zeigt (vgl. ebd.).

5.2 Sozialisationsinstanzen

5.2.1 Familie als primäre Sozialisationsinstanz

Die angesprochenen theoretischen Modelle gehen von unterschiedlichen Annahmen aus und nähern sich der Kriminalität unter verschiedenen Perspektiven und mit divergenten Akzentuierungen. Allen gemeinsam ist es, dass die Familie als Bezugskriterium und kriminogener Faktor entweder in die Theorie integriert ist bzw. in der zugehörigen empirischen Forschung als Untersuchungsvariable dient oder regelmäßig als wesentlicher Faktor, wie bereits in Teilen dargestellt, herausgearbeitet wird. Aus vorgenanntem Grund wird deshalb das Modell Familie näher definiert und hinsichtlich kriminogener Wirkungen entsprechend der Untersuchungsmethodik betrachtet.

Der Zusammenschluss zu einer Gruppe entspricht der Sozialnatur des Menschen (vgl. Dimmel und Hagen 2005, S. 62), da dessen „Lebensfähigkeit und Befindlichkeit [...] in hohem Maße von mikrosoziologischen Bedingungen" (ebd.) abhängen, die in der Familie über „elementare und tiefsitzende Bedürfnisse wie Vertrauen, Nähe, Sicherheit, Geborgenheit, Anerkennung etc." (ebd., S. 63) aufgefangen und beeinflusst werden. Der Begriff Sozialnatur ist an diesem Punkt gut gewählt, da er die sozialen Bedürfnisse ebenso wie die natürlichen Bedürfnisse des Menschen abbildet und so der einseitigen Vereinnahmung des Individuums in der paradigmatischen Fragestellung nach Anlage und Umwelt vorbeugt. Der Mensch als Individuum in der Zuordnung zu mikrosoziologischen Bedingungen der Familie führt auf direktem Weg zur Schlüsselfrage der Soziologie, „nämlich dem Verhältnis von Individuum und Gesellschaft"

(Lüdemann und Ohlemacher 2002, S. 18), wobei davon ausgegangen wird, „dass es eine Mikro-Ebene gibt, die sich auf die Wahrnehmungen, Bewertungen und Handlungen einzelner Akteure bezieht und dass so etwas wie eine gesamtgesellschaftliche oder strukturelle Makro-Ebene existiert, die durch das Handeln von Menschen konstituiert wird, die aber die Menschen in ihrem Handeln auch wiederum beeinflusst" (ebd.). Weitergehende Aussagen hierzu werden im Abschnitt 5.3.1 getroffen. In dieser Arbeit wird übereinstimmend mit Dimmel und Hagen davon ausgegangen, dass die Familie dem Bereich der mikrosoziologischen Ebene zuzuordnen ist. Andernorts erfolgt eine Zuordnung der Familie zur Mesoebene (siehe Hank 2018, S. 12).

5.2.1.1 Die Familie im gesellschaftlichen Wandel

Die Familie muss in ihren aktuellen sozialgesellschaftlichen Bezügen und Funktionen gesehen werden, um einen möglichen Zusammenhang zwischen dem Strukturgebilde Familie einerseits und kriminellem Verhalten einzelner Familienmitglieder andererseits zu erkennen. Zunächst ist diesbezüglich in Anlehnung an die Herleitung des Jugendbegriffs (Kapitel 2.2) auch mit Bezug auf die Familie darauf hinzuweisen, dass sich die Funktionen, Strukturen und Rollenzuschreibungen der Familie vor dem Hintergrund des zeitgeschichtlich-historischen und kulturellen Wandels stark verändert haben. Traditionelle Familienformen gerieten bereits im 19. Jahrhundert vor dem Hintergrund industrieller und städtischer Veränderungen in Wandlungsdruck (vgl. Dimmel und Hagen 2005, S. 89) und bildeten daraufhin erst den „familialen Normaltypus der Moderne [heraus], den man meistens mit Kernfamilie oder auch Gattenfamilie umschreibt" (ebd., S. 93). Entscheidend hat zu diesem Prozess der Desorganisation (vgl. ebd., S. 96) die gesellschaftliche Ausdifferenzierung beigetragen (vgl. ebd., S. 94), die auch bei Kunz und Singelnstein (2016, S. 366) thematisiert wird und der

Pluralisierung und Veränderungen der Lebensstile zugerechnet werden, die zur Individualisierung bzw. Privatheit geführt und somit die Familie als Struktur und Bestandteil der Sozialkontrolle geschwächt haben. (vgl. ebd.). Die Tendenzen der Vereinzelung sind richtig gesehen (siehe hierzu Albrecht und Groenemeyer 2012, S. 17ff.), jedoch sollten die Auswirkungen im Kontext von Familie und kriminellem Verhalten differenziert betrachtet werden. Dies ist vor dem Hintergrund zu verstehen, dass eine im gesamtgesellschaftlichen Verständnis erkennbare Abschwächung der Bedeutungswahrnehmung des Modells Familie, nicht gleichbedeutend mit einem verminderten Einfluss der innerfamilialen Sozialisation und insbesondere deren negativer Wirkung in Form von Kriminalität zu sehen ist. Als Ausgangspunkt wird vorliegend zur Orientierung der weit gefasste und somit verschiedene Konstellationen umfassende Familienbegriff von Nave-Herz vorangestellt, bei der die Merkmale Reproduktion, Sozialisation und Generationsdifferenzierung als konstitutiv angesehen werden (vgl. 2002, S. 2). Auch hierbei ist der Vielschichtigkeit des Menschen Rechnung getragen und der oftmals gesehene Zwiespalt zwischen Veranlagung und Umwelt mit der sogenannten „biologisch-sozialen Doppelnatur" (ebd.) geschlossen, die sich in der Sozialisations- und Reproduktionsfunktion manifestiert. In der weiteren Befassung soll die Sozialisationsfunktion der Familie als zentrale Komponente bearbeitet werden.

Mit dem Verweis auf den Menschen als „Mängelwesen" wird bei Dimmel und Hagen (2005, S. 138) das Erfordernis begründet, „Verhaltensprogramme im Laufe seiner Entwicklung erlernen zu müssen" (ebd.), wobei der Familie als „elementarste Form der Vergesellschaftung" (ebd.) eine Schlüsselfunktion als primäre Sozialisationsinstanz zufällt (vgl. ebd.). Hierbei ist insbesondere die Vermittlung eines Normen- und Wertegerüsts von Bedeutung, das

den jungen Menschen zur sozialen Kommunikation und Interaktion
befähigt, wodurch eine Form von sozialer Identität herausgebildet
wird, die als Orientierungshilfe im Entwicklungsprozess einer
positiven Lebensbewältigung dient. Die Sozialisation als Aufgabe der
Familie umfasst „die Aneignung von Norm- und Wertmustern zur
Verhaltensorganisation" (ebd., S. 139). Hierbei kann angefügt
werden, dass Normen auf der Basis von Werten entstehen und
letztlich der Verwirklichung dieser Werte dienen (vgl. Breuer 1998,
S. 57). In der sozialisationstheoretischen Draufsicht geht es also
darum, „wie ein Mensch mit seiner genetischen Ausstattung an
Trieben und Bedürfnissen, seinen angeborenen Temperaments und
erworbenen Persönlichkeitsmerkmalen sowie in Interaktion mit den
ihn umgebenden Umweltfaktoren zu einem Subjekt mit der Fähigkeit
zur Selbstreflexion wird und es dabei schafft, die Anforderungen an
die individuelle Integration in ein soziales Gefüge zu bewältigen"
(Hurrelmann und Bauer 2018, S. 16). Für diese Aufgabenstellung ist
die Familie von herausgehobener Bedeutung für den jungen
Menschen.

5.2.1.2   Die Familienstruktur der Gegenwart

Inwieweit die familialen Strukturen noch als soziale Realität
angesehen werden können und ihnen demzufolge Bedeutung
zukommt, lässt sich dem Datenreport[54] des Jahres 2018 entnehmen.
Dieser Sozialbericht geht von der Familie als Eltern-Kind-
Gemeinschaft aus (vgl. Statistisches Bundesamt 2018, S. 58).
Nachfolgend werden aus dem Report einige Befunde

---

[54] Beim Datenreport 2018 handelt es sich um einen Sozialbericht.
Dieser wird unter der Beteiligung des Statistischen Bundesamtes und
der Bundeszentrale für politische Bildung sowie weiterer Institutionen
herausgegeben. Der Report des Jahres 2018 geht insbesondere auf
die Lebensumstände von Kindern und Jugendlichen ein (vgl.
Statistisches Bundesamt 2018, o. S.).

familiensoziologischer und kriminologischer Relevanz kursorisch
herausgearbeitet:

1. 74 % der minderjährigen Kinder wuchsen bei den
   verheirateten Eltern auf. Diese Zahl ist seit 1997 um 9 %
   gesunken.17 % lebten bei einem alleinerziehenden Elternteil,
   während 10 % bei unverheirateten Elternpaaren aufwuchsen.

2. Kinder leben relativ lange im Elternhaus. Für das Jahr 2017
   kann gesagt werden, dass von den 25-jährigen Personen noch
   28 % im Elternhaushalt wohnten. In der Langfristbetrachtung
   bleiben heute Kinder länger im Elternhaushalt, wobei die
   Männer später ausziehen als die Frauen.

3. Die eigene Familie wird von der Bevölkerung als sehr wichtig
   angesehen.

4. Es wird ein direkter Zusammenhang vom sozioökonomischen
   Status der Eltern und der Gesundheit des Kindes[55] festgestellt

---

[55] „Zu den Kindern gehören im Mikrozensus alle ledigen Personen, die ohne
Lebenspartner/-partnerin und ohne eigenes Kind mit mindestens einem
Elternteil in einem Haushalt zusammenleben. Neben leiblichen Kindern
zählen auch Stief-, Adoptiv- und Pflegekinder dazu. Eine allgemeine
Altersbegrenzung für die Zählung als Kind besteht nicht. Da die
Lebenssituation von Kindern unter 18 Jahren aus familien- und
sozialpolitischer Sicht besonders interessant ist, werden hier vorrangig
Daten zu minderjährigen Kindern untersucht." (Statistisches Bundesamt
2018, S. 61)

(niedrige Bildung und wenig Geld bei den Eltern führt zu schlechter Gesundheit des Kindes).

5. Die Schulwahl hängt direkt mit dem familiären Hintergrund der Eltern zusammen, sodass ein höherer Bildungsabschluss der Eltern auch eine höhere Schulform beim Kind bedeutet (vgl. Statistisches Bundesamt 2018).

Es kann gezeigt werden, dass sich der bereits konzedierte Bedeutungsverlust durch Pluralisierung, Ausdifferenzierung und Vereinzelung hauptsächlich auf die institutionelle Rahmung (weniger Ehen)[56] oder hinsichtlich der Geburtenraten (weniger Geburten)[57] auswirkt und keinesfalls auf die Familie in ihrer Aufgabe als Bezugsgruppe, Erziehungs- oder Wertevermittler auszudehnen ist. Im Gegenteil - durch die lange Verweildauer im elterlichen Umfeld nimmt diese über das Alter des Jungerwachsenen hinaus intensiven Einfluss. Nach Schwind (2016, S. 74; Kunz und Singelnstein 2016, S. 240; Neubacher 2017, S. 71) handelt es sich bei der Jugendkriminalität ganz überwiegend um Jungenkriminalität. Die Klärung der Frage, inwieweit diese Feststellung mit der Tatsache korreliert, dass Männer im Bevölkerungsdurchschnitt länger im elterlichen Haushalt leben als Frauen, kann als Forschungsdesiderat

---

[56] Im Jahrzehnt von 2007 bis 2017 ist die Zahl der Ehepaare um 6 % gesunken (vgl. Statistisches Bundesamt 2018, S. 51).
[57] Im Jahr 2011 wurde der niedrigste Stand der Geburtenzahlen seit 1946 gemessen. Seither steigen die Zahlen wieder an, wobei sich diese gemessen an den starken Jahrgängen der 1960er Jahre auf eher niedrigem Niveau bewegen (vgl. Statistisches Bundesamt 2018, S. 16f.).

erkannt werden und sollte in weiterführender empirischer Forschung aufgegriffen werden.

Die bereits als wichtige innerfamiliäre Sozialisationsaufgabe angesprochene Vermittlung von Werten und Normen kann im Wesentlichen nur über Akzeptanz transportiert werden, wodurch die Elternteile oder Geschwister zu entsprechendem eigenen Rollenverhalten verpflichtet werden (vgl. Breuer 1998, S. 72). Diese Mechanik des Lernens - der Nachahmung oder der Übernahme elterlicher Verhaltensmuster - kann sich sowohl in positiver wie auch in negativer Weise zeigen, etwa dadurch, dass delinquente Verhaltensweisen statt normgerechten Verhaltens vorgelebt werden (vgl. ebd., S. 71). Hier kann mit Göppinger (2008, S. 336) angeschlossen werden, der in einem Modell unterschiedliche „Syndrome krimineller Gefährdung"[58] identifiziert und jeweils bestimmte auffällige Verhaltensweisen verschiedenen Lebensbereichen zuordnet (vgl. ebd.). Vorliegend ist das Syndrom der familiären Belastung angesprochen, welches vom Jugendlichen bzw. Heranwachsenden nahezu unabhängig (vgl. ebd.) auf die „Umstände der Herkunftsfamilie und bestimmte Verhaltensweisen der Erziehungspersonen"(ebd.) abzielt. Neben den Wohn- und sonstigen sozioökonomischen Verhältnissen geht es um strafrechtliche Verfehlungen von Erziehungspersonen (vgl. ebd.), welche in negativer Weise als kriminelles Verhalten modellhaft an die Jugendlichen und Heranwachsenden weitergegeben werden.

---

[58] Göppinger beschreibt neben dem Syndrom familiärer Belastungen vier weitere Syndrome, wobei es sich um Lebensbereiche handelt, in denen frühe Auffälligkeiten zur Kriminalität führen können. Es wird ausdrücklich kein Kausalzusammenhang hergestellt. Im Einzelnen handelt es sich um das sozioscolare Syndrom, das Leistungssyndrom, das Freizeitsyndrom und das Kontaktsyndrom (vgl. Göppinger 2008, S. 337). Hinsichtlich des socioscolaren Syndroms werden weitergehende Ausführungen im Abschnitt 5.2.1 gemacht.

Weiterhin können innerfamiliäre Gewalterfahrungen als negative Sozialisationsleistung in kriminelles Verhalten münden. Baier (2014, S. 7)[59] kommt diesbezüglich zum Schluss, dass durch Eltern erlebte Gewalt in direktem Zusammenhang mit eigener Gewaltausübung zu sehen ist und darüber hinaus Zusammenhänge zwischen den Gewalterfahrungen und dem Schulschwänzen bzw. dem Konsum von Gewaltmedien, Alkohol- und Drogenkonsum sowie dem Anschluss an delinquente Freunde festgestellt werden konnten (vgl. ebd.). Für eine Reihe von Risikofaktoren wurde gezeigt, „dass sie entscheidend von den Verhältnissen im Elternhaus mitgeprägt sind" (ebd.). Der Zusammenhang zwischen elterlicher Erziehung und Gewaltdelinquenz wird bei Boers et al. bestätigt. Als Teilergebnis der bereits angesprochenen Studie *Kriminalität in der modernen Stadt* führen sie Folgendes aus: „Eine nicht-empathische Erziehung (also widersprüchliche, gleichgültige, sanktionierende oder violente Erziehungsmethoden) wirkte sich ebenfalls ganz überwiegend indirekt, über die gewaltbefürwortenden Einstellungen vermittelt, auf die Gewaltdelinquenz aus." (Boers et al. 2014, S. 191)

5.2.1.3 Identitätsbildung über das Konzept der Selbstkontrolle

Als weiterer Punkt ist bereits auf die Notwendigkeit der Herausbildung einer sozialen Identität verwiesen worden, die als sozialpsychologisches Konzept von Tajfel (1981) geprägt wurde. Die soziale Identität wird in dieser Arbeit so interpretiert, dass der Identitätsbildung in Form der Entwicklung eines Selbstkonzepts positionsbestimmende Wirkung zugeordnet wird und diese so als wesentlicher Baustein für die Anschlussfähigkeit im sozialen

---

[59] Dirk Baier hielt im Jahr 2014 einen Fachvortrag zum Berliner Präventionstag, bei dem er u. a. auf die Faktoren kriminellen Verhaltens einging und hierzu aus Ergebnissen eigener Untersuchungen und Studien zur Gewalttäterschaft schöpfte.

Miteinander dient. Die Identitätsbildung basiert auf der Grundlage der Selbstkontrolle,[60] die sich einerseits anlagebedingt und andererseits im Zusammenspiel mit familiärer Erziehung entwickelt und daher die Basis zur Bewusstwerdung bzw. Selbstidentifikation in Balance des inneren und äußeren Halts bereitstellt, sodass die Möglichkeit einer reibungslosen gesellschaftlichen Integration gegeben ist. Identitätsfindung bedeutet zugleich Autonomie und belohnt mit der Fähigkeit zur eigenen Entscheidung. Dies ist insoweit von Relevanz, als die Identität „in der Spiegelung der Erwartung und Bewertung anderer" (Breuer 1998, S. 68) erfahren wird und dadurch Anforderungen und Vorstellungen an Rollenverhalten formuliert werden. Die Einnahme der sozialen Rolle und die Moderation verschiedener Rollen in unterschiedlichen gesellschaftlichen Kontexten gelingt über ein stabiles Selbstkonzept und führt letztlich zu normgerechtem Verhalten. Die Familie bietet im günstigen Fall den notwendigen Schutzraum und fungiert auf verschiedenen Ebenen der Wertvermittlung durch eigenes Vorleben, über die Kommunikation, die Form und Ausgestaltung der Beziehungsgeflechte, die Adaption und Erziehung als erster wichtiger Impulsgeber der Identitätsformung und stellt somit die Weichen für den weiteren Lebensweg des jungen Menschen.

Diese Masterarbeit erzeugt an diesem Punkt einen wissenschaftlichen Mehrwert durch die Positionsbestimmung des Strukturgebildes Familie, da gezeigt werden kann, dass die Familie trotz gesellschaftsstruktureller Vereinzelungstendenzen ihre Prägewirkung beibehält und insbesondere über die Kommunikations- und Beziehungsqualität auf junge Menschen einwirkt, sodass bereits

---

[60] Der Begriff der Selbstkontrolle lehnt sich an das bereits im Unterabschnitt 5.1.1 thematisierte Konzept der niedrigen Selbstkontrolle von Gottfredson und Hirschi an.

im frühkindlichen Stadium protektive bzw. aber auch
kriminalitätsbegünstigende Wirkungen übertragen werden.

Proposition 1

*Die innerfamilialen Beziehungserfahrungen stellen eine zentrale
Variable im Kontext der Jugendkriminalität dar!*

5.2.2   Schule als sekundäre Sozialisationsinstanz

Die Schule kann als sekundäre Sozialisationsinstanz bezeichnet
werden, da sie nach der Familie als eigener Sozial- und Kulturraum
relativ früh zum festen Bestandteil des Lebensalltags von jungen
Menschen wird und dies auch für einen langen Zeitraum bleibt. Die
Internalisierung erfolgt über die in Deutschland bestehende
Schulpflicht[61], die „als elementare Rahmung des schulischen
Bildungsprozesses und der Institution Schule" (Ricking und Speck
2018, S. 1), zu verstehen ist und sich von der Einschulung in die
Grundschule (Primarstufe) im Alter von in der Regel 6 Jahren über
den Besuch des Sekundarbereichs weiterführender Schulen
grundsätzlich bis zum 18. Lebensjahr erstreckt. Bereits aus dieser
gesetzlichen Verpflichtung zum Schulbesuch, welche für die gesamte
Geburtskohorte eines entsprechenden Jahrgangs rechtsverbindliche
Wirkung entfaltet, zeigt sich, dass die Schule qualitativ über die
Eingriffstiefe in die persönliche Lebensgestaltung, aber auch
quantitativ hinsichtlich der schultäglichen Aufenthaltsdauer nach der
Familie wesentliche Sozialisationsaufgaben wahrnimmt. Die Schule
reiht sich demnach als Nahraum und direkte Anlaufstelle in das

---

[61] Die Schulpflicht wird auf Ebene der Bundesländer geregelt und
umgesetzt, sodass durchaus Abweichungen in der Handhabung der
Schulpflicht (Einschulungsalter und Möglichkeiten der
Hinausschiebung, Dauer der Vollzeitschulpflicht, Dauer der
Teilzeitschulpflicht) bestehen. Grundsätzlich endet die Verpflichtung
mit dem 18. Lebensjahr.

„Netzwerk der Sozialkontrolle" (Albrecht 2010, S. 154) ein und wird somit zum kriminologisch relevanten Sicherheitsakteur. Im Bereich sicherheits- bzw. kriminalpolitischer Fragestellungen im Kontext von Schule und Kriminalität greift der bloße kriminalstatistische Zugang (PKS-Zahlen) in der verengten Sicht auf die Schule als Tatort oder die empirische Näherung über Studien, welche einen Zusammenhang von Bildungserfolg und kriminellem Verhalten untersuchen, zu kurz. Die Schule muss in ihrer intrinsischen Wirkung als kriminalitätswirksamer Faktor gesehen werden. Auf die Darstellung kriminalstatistischer Daten zum Tatort Schule wird an dieser Stelle aufgrund eingeschränkter Aussagekraft und unzureichender Vergleichbarkeitskriterien verzichtet. Hinsichtlich der Verbindung von Bildungserfolg und Kriminalität wurden bereits vereinzelt Befunde vorgestellt. Entorf und Sieger stellen etwa eine diesbezügliche Korrelation in der vergleichenden Betrachtung von Schulabschlüssen verschiedener Gefängnispopulationen und repräsentativer Kontrollgruppen aus der Wohnbevölkerung her. Sie stellten fest, dass bei den Gefängnisinsassen ein wesentlich größerer Anteil über keinen Abschluss bzw. lediglich über einen Hauptschulabschluss verfügte. Unter Beachtung verschiedener, den Gleichlauf von Schulerfolg und Kriminalität verzerrender Faktoren[62] wurde in der weiteren Analyse ein kausaler Zusammenhang zwischen Bildung und Kriminalität in der Form erkannt, dass der fehlende Hauptschulabschluss hinsichtlich der Verurteilungen im Allgemeinen und auch im Bereich der Eigentums-

---

[62] Es werden nachfolgende Faktoren genannt: „Arbeitslosigkeit, allgemeine konjunkturell-wirtschaftliche Lage, individuelle Schuldenproblematik, Lebensalter und persönliche Reife, Normakzeptanz, Drogen- und/oder Alkoholprobleme, Integration in die Gesellschaft, familiäre Hintergründe, Freundschaften und soziale Bindungen (Sozialkapital), Effizienz des Justizsystems" (Entorf und Sieger 2010, S. 15).

und Gewaltdelikte von signifikanter bzw. hochsignifikanter Bedeutung ist (vgl. Entorf und Sieger 2010, S. 15ff.). Birger Antholz kommt in plakativer und verkürzender Form zur nachfolgenden Erkenntnis: „Ein Prozent mehr Bildung reduziert Kriminalität um 5 %" (2017, S. 55).

Mit Hinweis auf die vorliegend zu bearbeitenden Fragestellungen, insbesondere hinsichtlich der kriminogenen Wirkung der Schule als Institution bzw. Kultur- und Gesellschaftsraum, soll als zentrale Variable das Lehrpersonal bzw. das Lehrer-Schüler-Verhältnis angesprochen werden. Die im familiären Kontext thematisierte und für wesentlich erachtete Eltern-Kind-Beziehung kann in ihrer Bedeutung – wenn auch in abgeschwächter Form - auf das Verhältnis von Lehrer und Schüler übertragen werden. Hierfür sprechen die Befunde bei Boers et al., wonach es diese Beziehungsqualität ist, die sich je nach Ausgestaltung als entscheidender Richtungsgeber für kriminelles oder normgerechtes Verhalten gezeigt hat (Boers et al. 2014, S. 190). Boers et al. konnten nachweisen, „dass eine positive Beziehung zwischen Schülern und Lehrern delinquentes Verhalten reduziert" (ebd.) und dieser Zusammenhang deshalb besteht, „weil von den Lehrern konforme Einstellungen vermittelt" (ebd.) werden. Weiterhin weisen die Ergebnisse darauf hin, „dass sich eine schlechte Beziehung […], die durch Desinteresse der Lehrer gekennzeichnet ist, im Zeitverlauf delinquenzfördernd auswirkt" und somit „ein durch die Beziehungsqualität beeinflusster Lernprozess von Normen und Werten" (ebd., S. 190f.) zu beobachten ist. Gefolgert werden kann daraus, dass die Motivation der Lehrkräfte, die auch durch „schulökologische und schulorganisatorische Bedingungen" (Bründel und Hurrelmann 1994, S. 125) beeinflusst wird und etwa die Ausstattung an Personal, Material sowie die Schulkultur und das Binnenverhältnis im Lehrerkollegium umfasst, von ebensolcher Bedeutung ist wie die Fähigkeit des Schülers zu Beziehungsverhalten und Kommunikation. Die Relevanz des Lehrer-Schüler-Verhältnisses wird bei Bründel und Hurrelmann (ebd., S. 127) sowie Baier (2014, S. 8) bestätigt. Aus der positiv konnotierten Beziehung kann ein gegenseitiges Vertrauensverhältnis erwachsen, welches sich günstig über den Lernprozess hinaus auf das soziale Miteinander im Mikrokosmos Schule auswirkt. Baier beschreibt „eine sog. Kultur des Hinschauens"[63] (ebd.), welche zu weniger Gewalttaten führt und in einem gemeinsamen Prozess zwischen Schülern und Lehrern ausgehandelt und umgesetzt wird (vgl. ebd.). Die Grundlagen der hier angesprochenen Beziehungsfähigkeit des jungen Menschen werden in der Hauptsache in der familiären Sozialisation gelegt. Kühnel und Matuschek gelangen in einer empirischen Untersuchung zu eben jener Erkenntnis und sehen „einen starken Beziehungsanker in der Herkunftsfamilie" (Kühnel und Matuschek 1995, S. 202) als Voraussetzung dafür an, „daß [sic] vielfältige personale Beziehungen in verschiedenen (multiplexen) Bezugskontexten und zu unterschiedlichen Generationen Jugendliche überwiegend vor Devianz bewahren bzw. episodenhaftere Formen zulassen" (ebd.). Über die Herstellung, Struktur sowie Formgebung dieser Beziehungsgeflechte, die als Figurationen bei Elias im Abschnitt 5.3 näher thematisiert werden, kann die Schule als Raum sozialer Interaktion bei der Fortführung der durch die Familie mitbeeinflussten und begleiteten Identitätsformung des Schülers mitwirken. Mit der Aufnahme in das Sozialfeld Schule und in der Bewältigung des Schulalltags werden eine Vielzahl einzelner Sozialisationsprozesse auf unterschiedlichen Ebenen ausgelöst, die

---

[63] Diese Form der Achtsamkeit bietet die Grundlage zur Umsetzung des Prognosemodells von Göppinger, der dem sozioscolaren Syndrom für den schulischen Bereich das hartnäckige Schulschwänzen sowie Täuschungen und für den außerschulischen Bereich das Herumstreunen als Prognosefaktoren kriminellen Verhaltens zuordnet (vgl. 2008, S. 337f.).

gegenüber Lehrern, in der Einnahme und Findung der sozialen Rolle,
in der Behauptung bzw. dem Miteinander in der Schülerschaft und in
der familiären Rückkopplung wirksam werden. Die Gestaltung und
Moderation dieser Prozesse bereiten oftmals Schwierigkeiten, und
Jugendkriminalität kann die Folge sein. Die Schule ist daher aus sich
selbst heraus, etwa über die Beziehung zur Bezugsperson Lehrer oder
als Kristallisationspunkt unterschiedlichster Sozialisations- und
Anpassungsaufgaben, als kriminogener Faktor anzusehen bzw. sie
nimmt im Fall eines positiv verlaufenden Sozialisationsprozesses in
protektiver Weise Einfluss.

Proposition 2

*Die Beziehungsqualität wirkt aus dem familialen Kontext in direkter
Weise auf den Sozialraum Schule ein. Als zentraler Punkt wurde das
Lehrer-Schüler-Verhältnis herausgearbeitet, das unmittelbar mit der
Schulkultur und der Motivation des Lehrers in Verbindung steht und
so protektiv bzw. kriminalitätsbegünstigend ausstrahlt.*

Proposition 3

*Das Schulklima und die materielle Ausstattung stehen in direktem
Zusammenhang mit dem Verhalten der Schüler!*

5.2.3 Medienkonsum

Der mediale Kontext wurde vorliegend bereits über die
kriminalpolitischen Zusammenhänge der Wirklichkeitskonstruktion,
wie sie etwa durch selektive Berichterstattung erkennbar werden,
oder mit Bezug auf das theoretische Modell der differenziellen
Identifikation von Daniel Glaser und der Massenmedien in ihrer
Funktion als Mittler bzw. als Identifikationsvehikel krimineller
Rollenbilder thematisiert. Die Verbindung zwischen Medium und
Rezipient (Mediennutzer) wird in der Folge näher ergründet und

hinsichtlich kriminogener Wirkungen untersucht. Die Notwendigkeit einer näheren Befassung ergibt sich zum einen aus der Reichweite bzw. der flächendeckenden Verbreitung medialer Strukturen sowie dem damit einhergehenden Vernetzungsgrad und zum anderen aus der zwischenzeitlich erwachsenen sozialgesellschaftlichen Bedeutung und dem Einfluss der Medien auf das Leben junger Menschen. Im vorgenannten Bezugsrahmen wird auf diesen Prozess der Mediatisierung (vgl. Bidlo et al. 2012, S. 1) abgestellt und die weitergehenden Ausführungen vor dem Hintergrund und dem Verständnis der Medien als eigenständigen Akteuren (vgl. Bidlo 2011, S. 43ff.) des sozialen Austauschs entwickelt. Die Forderung nach Bestimmung und Ausdifferenzierung des Verhältnisses von Akteur und Medien (vgl. Bidlo 2011, S. 43) wird vorliegend insoweit aufgenommen, als eine Präzisierung und Neujustierung des bei Glaser (1956, S. 440) verwendeten Begriffs der Massenmedien erfolgt und fortan „Presse, Rundfunk, Bücher, Cd`s, Internet, Computerspiele, Film- und Fernsehbeiträge" (Schwind 2016, S. 310) als Massenmedien verstanden werden. Zudem wird davon ausgegangen, dass die Medien in ihrer Rolle als Akteur über die Vermittlung von Nachrichten, Unterhaltung oder die Bereitstellung von Kommunikationsmöglichkeiten hinausgehend, eigene Motivationen entwickelt haben, die sich über politische Einwirkungsmöglichkeiten oder im Ziel der Gewinnmaximierung ausdrücken. Reichertz (2011, S. 28) beschreibt die Wandlung der Medien über die Abkehr von einem Verständnis als 4. Gewalt und dem ursprünglichen Ziel „der Herstellung einer kritischen Öffentlichkeit" (ebd.) hin zur „Umwerbung des Kunden" (ebd.). Hierunter dürften in der Hauptsache Presse, Rundfunk und TV-Anstalten zu subsumieren sein. Eine ähnliche Tendenz umschreiben Kunz und Singelnstein, wonach die Medien „auf einem kompetitiven Markt für Unterhaltung, Ablenkung und Nervenkitzel" (2016, S. 350) agieren.

Die multimediale Evolution lässt sich zum einen über die technische Ebene der Entwicklung und Nutzung neuer Medien, zu denen das Internet bzw. in Erweiterung des Medienbegriffs auch das Smartphone zu zählen sind, und zum anderen in Bezug auf die damit direkt verbundenen Veränderungsprozesse in der Gesellschaft beschreiben. Auskunft über die Wandlungsprozesse gibt die JIM-Studie 2017. Diese wird deshalb herangezogen, weil sie in der Konzeption der jährlichen Wiederholung seit 1998 das Medien- und Freizeitverhalten junger Menschen (12 -19-Jährige) erfasst und genau für den angesprochenen Zeitraum einschneidende Veränderungen abgebildet werden (vgl. Feierabend et al. 2017, S. 3). Über die Darstellung der nachfolgend zusammengefassten Befunde werden Rückschlüsse auf die Dimensionen der multimedialen Verdrängungseffekte und ihrer sozialgesellschaftlichen Eindringtiefe ermöglicht:

1. Im Jahr 1998 hatte das Internet keine Alltagsrelevanz. Es wurde nur von jedem zwanzigsten Jugendlichen regelmäßig genutzt.

2. Ende der 90er Jahre verfügten lediglich 8 % der angesprochenen Altersgruppe über ein Mobiltelefon.

3. Knapp 100 % der Haushalte verfügen im Jahr 2017 über Smartphone, PC, Internetverbindung und TV-Gerät. Im Weiteren sind Radiogeräte zu 87 % und DVD-Player zu 85 % vorhanden. 75 % der Haushalte sind im Besitz von Spielkonsolen und 66 % verfügen über ein Tablet. Mehr als die Hälfte der Haushalte nutzt Streamingdienste.

4. Für die Jugendlichen nimmt das Smartphone (97 %) eine zentrale Rolle ein. Im Abgleich der männlichen und weiblichen Befragungsteilnehmer zeigt sich in der Häufigkeit verschiedener Medien ein deutlicher Unterschied hinsichtlich der Besitzrate von Spielkonsolen, die bei männlichen Personen doppelt so oft vorhanden sind.

5. Unter Beachtung des jeweiligen Bildungshintergrundes (Haupt- und Realschule im Abgleich mit Gymnasium) zeigen sich bzgl. der Abdeckung durch Mobiltelefone keine Unterschiede. Bezogen auf feste Spielkonsolen und TV-Geräte wird eine höhere Geräteausstattung bei Jugendlichen mit formal geringerer Bildung festgestellt. Dagegen sind bei Gymnasiasten Laptops, Radios, MP3 Player und E-Book-Reader in größerer Zahl vorhanden.

6. Sowohl in der täglichen Nutzung als auch in der Kategorie regelmäßiger Nutzung (mehrmals in der Woche) belegen die Internetnutzung, das Smartphone und die Musik vorderste Plätze. Die TV - Nutzung nimmt den 5., die digitalen Spiele den 7. Platz von 18 erfassten Kategorien ein.

7. 89 % der jungen Menschen gehen täglich online, wobei diese Angabe als genereller Wert über alle Schulformen hinweg gilt und das Zeitkontingent seit 2007 mit 221 Minuten auf mehr als das doppelte angestiegen ist. Hierbei wird festgestellt, dass

die Gymnasiasten pro Tag ca. 100 Minuten weniger im Internet aktiv sind als Schüler anderer Schulformen.

8. Digitales Spielen ist wesentlicher Bestandteil im jugendlichen Alltag. Vier von fünf männlichen Personen (zwei von fünf weiblichen Personen) spielen mehrmals pro Woche. Die durchschnittliche Spieldauer beträgt 84 Minuten pro Tag (vgl. Feierabend et al. 2017).

Die vorgenannte Zusammenstellung lässt den technischen Fortschritt und dessen direkte gesellschaftliche Absorption in Form der Ausbreitungsgeschwindigkeit, der Haushaltssättigung, der flächendeckenden Verfügbarkeit und hinsichtlich der korrespondierenden Nutzungsraten deutlich werden. Die Feststellung alltagsdurchschnittlicher Onlinezeiten jenseits der 200 Minuten Grenze zeigt auf, dass neben der Schule und dem Zeitaufwand für Hausaufgaben wenig Zeit für sportliche Aktivitäten, Unternehmungen oder sonstige Freizeit- oder Ausgleichsaktivitäten bleibt. Die Nutzungsdauer wird deshalb als relevant angesprochen, weil aus einer groß angelegten Dunkelfeldstudie, die an Schulstandorten in Nürnberg und Dortmund innerhalb eines Zeitraums von zwei Jahren in mehreren Wellen durchgeführt wurde (vgl. Meinert 2016, S. 14), ein deutlicher Zusammenhang von Mediennutzung und abweichendem Verhalten gezeigt werden konnte (vgl. Weiss und Pöge 2016, S. 130). Es ist festgestellt worden, dass unabhängig von Medieninhalten und lediglich aufgrund intensiverer Nutzung der Medien höhere Täterraten zu verzeichnen sind. Hinsichtlich des Konsums gewalthaltiger Inhalte fällt der Zusammenhang in Form höherer Täterraten deutlicher aus (vgl. ebd.). Im Weiteren bleibt festzuhalten, dass sich auch der Zusammenhang zwischen

Bildungserfolg und Kriminalität über den Medienkonsum darstellen lässt, indem durch die Zuordnung der täglichen Mediennutzungsdauer entsprechende schulformspezifische Divergenzen (wie in der kursorischen Auswertung unter Punkt 7 dargestellt) gezeigt werden können. Als Erklärungsgrundlage dieser Befunde, die in der Literatur weitgehend bestätigt werden (vgl. Weiss und Pöge 2016, S. 130, siehe Übersicht zum Forschungsstand bei Kunczik 2017), kann die Medienwirkungsforschung herangezogen werden. Die angesprochene Kontextualisierung des Zusammenhangs von Medienkonsum und Kriminalität wird vorliegend über die Verbindungsstruktur gewalthaltiger Medieninhalte hergestellt und dieser Begründungszusammenhang wirkungstheoretisch erklärt, indem davon ausgegangen wird, dass die Gewaltdarstellungen beim Rezipienten Aggressionen fördern können. Hierfür lässt sich in Abgrenzung zu weiteren Wirkungstheorien[64], die etwa von einer aggressionshemmenden Wirkung bzw. der Wirkungslosigkeit von Gewaltinhalten ausgehen, empirische Evidenz, wenn auch in

---

[64] Die Wirkungsrichtungen lassen sich in drei Hauptlinien (aggressionsfördernd, aggressionshemmend, wirkungslos) aufteilen, welche sich wiederum in verschiedene weitere Modelle verästeln. Beispielhaft können die Suggestionsthese, die Excitation-Transfer-These, die These des Priming oder die Habituationsthese (vgl. Kanz 2014, S. 18ff.) genannt werden. Die Katharsistheorie geht von einer Aggressionshemmung infolge der Rezeption von Gewaltinhalten aus, weil durch Frustration aufgestaute Aggressionen bereits durch den Konsum gewalthaltiger Medien, etwa von Gewaltfilmen, abgebaut wird und es deshalb nicht zum Ausbruch realer Gewalt kommt (vgl. ebd., S. 15). Die Theorie gilt zumindest im Zusammenhang mit Gewaltfilmen als empirisch falsifiziert (vgl. ebd.). Aus den Ergebnissen von Metaanalysen geht im Weiteren hervor, dass der Wirkungslosigkeitsannahme keine empirische Evidenz zugewiesen werden kann (vgl. ebd., S. 17; S. 37). Auch hinsichtlich gewalthaltiger Bildschirmspiele werden die empirische Belege für eine aggressionsfördernde Wirkung bestätigt (vgl. ebd., S. 45ff.).

schwacher Ausprägung, finden (vgl. Kanz 2014, S. 17ff. ; bestätigend Schwind 2016, S. 321). Bei Vollbrecht wird der schwach ausgeprägte Zusammenhang in sinnlogischer Klarheit wie folgt erklärt:

> „Angesichts der Vielzahl von Gewaltdarstellungen, die die meisten Menschen bereits in Kindheit und Jugend rezipiert haben, muss grundsätzlich von einem entweder sehr geringen oder einem sehr speziellen Wirkungseffekt ausgegangen werden, da andernfalls ein hoher Prozentsatz der Bevölkerung gewalttätig sein müsste und sich auch statistisch starke Zusammenhänge zwischen entsprechender Mediennutzung und Gewaltaffinität finden lassen müssten." (Vollbrecht 2015, S. 72)

In der Gesamtschau ist von einem eigenständigen aggressionssteigernden Rezeptionseffekt der Medien auszugehen. Dieser wird im Zusammenhang mit emotionalen Prozessen der Identifikation[65] (vgl. Bonfadelli und Friemel 2015, S. 115) deutlich und kann in Abhängigkeit vom individualtypischen Selbstkonzept, der Resilienzfähigkeit[66] und Frustrationstoleranz sowie mit Bezug auf die

---

[65] Der Begriff wurde aus der Psychoanalyse (Freud) entlehnt (vgl. Bonfadelli und Friemel 2017, S. 115) und wird vorliegend als „Bedürfnis des Rezipienten, so zu sein wie andere Personen auf der Leinwand bzw. dem Bildschirm" (ebd.) interpretiert. Es bleibt hinzuzufügen, dass auch weitere theoretische Ansätze aus der Medienwirkungsforschung durchaus mit der Jugendkriminalität in Verbindung gebracht werden können. Es sei hier beispielhaft im Zusammenhang mit dem publizistisch-politischen Verstärkerkreislauf auf das Agenda Setting, Framing bzw. das Priming hingewiesen. Hinsichtlich des Mediennutzers wäre der Verstärkereffekt bzw. die Abstumpfung durch gewalthaltige Inhalte in Form der Habitualisierung und der daraus folgenden Wirkungen zu nennen, welche jedoch in dieser Arbeit nicht im Zentrum der Bearbeitung stehen.
[66] Diese wird in vorliegender Arbeit als „psychische Widerstandsfähigkeit von Kindern gegenüber biologischen,

Intensität der Einbindung in das Sozialgefüge (äußerer Halt) als
Gewalthandlung übertragen werden.

Proposition 4

*Dem Medienkonsum ist eine eigenständige kriminogene Wirkung
zuzuweisen. Diese lässt sich plastisch über die Nutzungszeiten in
schulformspezifischen Kriminalitätsraten nachzeichnen. Aus der
Medienrezeptionsforschung können die entwicklungspsychologische
Komponente eines stabilen Selbstkonzepts und das intakte
Sozialgefüge als protektive Faktoren herausgestellt werden.*

5.3   Sozialwissenschaftliche Analyse

5.3.1   Soziologie/Kriminalsoziologie

Die Jugendkriminalität kann als Ausdruck individueller Problemlagen
von gesamtgesellschaftlicher Relevanz und Erscheinungsform
verstanden werden, sodass der Soziologie als „Wissenschaft von der
Gesellschaft und den in ihr lebenden Menschen" (Treibel 2006, S. 12)
eine grundsätzliche Bearbeitungszuständigkeit zufällt. Die Aufgabe
der Soziologie besteht hierbei unter anderem darin, die Handlungen
von einzelnen Personen oder Gruppen zu analysieren und diese in
Beziehung zu den Strukturen der Gesellschaft zu setzen (vgl. ebd.).
Die Jugendkriminalität ist daher in diesem Sinne als ein Phänomen zu
identifizieren, welches als Abweichung vom Normalverhalten zum
Resorptionshemmnis bei der Vermittlung in gesellschaftlichen
Strukturen werden kann. Aus dem Rückschluss von der Abweichung
auf die „'normalen' gesellschaftlichen Strukturen" (Göppinger 2008,
S. 41) wird das besondere Interesse der Soziologie an der Kriminalität
abgeleitet (vgl. ebd.). Die bereits angesprochene soziologische

---

psychologischen und psychosozialen Entwicklungsrisiken" (Wustmann
2004, S. 18) verstanden.

Kernfrage nach dem Verhältnis von Individuum und Gesellschaft wird über die „individualistischen und holistischen Konzeptionen des Sozialen" (Greve et al. 2008, S. 7) bestimmt und entsprechend in Zuweisung einer Mikro-Ebene, „die sich auf Wahrnehmungen, Bewertungen und Handlungen einzelner Akteure bezieht" (Lüdemann und Ohlemacher 2002, S. 18), bzw. der „gesamtgesellschaftliche[n] oder strukturelle[n] Makro-Ebene" (ebd.), welche „durch das Handeln von Menschen konstituiert wird, die aber die Menschen in ihrem Handeln auch wiederum beeinflusst" (ebd.) diskutiert und bearbeitet. Die eindeutige Bestimmung der Relation zwischen Individuum und Gesellschaft wird bei Lüdemann und Ohlemacher (2002, S. 18) als schwierig bezeichnet und diesbezüglich auf vage soziologische Umschreibungsversuche in Form von „ ‚Dialektik‘, ‚Interaktion‘, ‚Wechselbeziehung‘ oder ’Feedbackprozess‘ " (ebd.) hingewiesen. In dieser Masterarbeit ist keine tiefergehende modelltheoretische Auseinandersetzung angezeigt, sodass von einem übergreifenden Verständnis ausgegangen wird, wonach „Menschen einerseits durch ihr Handeln und dessen Folgen gesellschaftliche Strukturen produzieren" (ebd., S. 17) und „andererseits von diesen gesellschaftlichen Strukturen auch wiederum beeinflusst und geprägt werden" (ebd.). Die Dimensionen von Handlung und Struktur[67]

---

[67] Das übergreifende Verständnis, von dem in dieser Masterarbeit ausgegangen wird, schließt explizit auch den Umgang mit verschiedenen soziologischen Theorieansätzen und den Dualismen von Handlung und Struktur, Mikro-Makro-Ebene, Individuum und Gesellschaft bzw. Subjektivismus und Objektivismus und insbesondere deren inhärent zugeordneten Fachtermini mit ein. Insoweit wird einem praktischen und nachvollziehbaren Verständnis gefolgt und hierbei unterstellt, dass ein gewählter Begriff, wenn auch theorieinkonsistent verwendet, dennoch zugeordnet und verstanden werden kann. Ganz im Sinne von Elias soll es sich um nachvollziehbare und praxistaugliche Ausführungen handeln und keinem Klappern „mit Begriffsknochen im Theorieskelett" (Bartels 1995, S. 18) gleichkommen. Ein ähnliches

werden vermittelnd aufgenommen und die korrespondierenden
Ansätze von Norbert Elias und Pierre Bourdieu weiterverfolgt. Diese
können in der argumentativen Passung aufgrund ihrer
Anschlussfähigkeit verwandt werden, weil beiden ein praktischer
Zugang gemein ist und die künstliche Trennung von Individuum und
Gesellschaft (Elias) bzw. des Subjektivismus vom Objektivismus
(Bourdieu) aufgehoben werden soll (vgl. Barlösius 2004.S. 217). Ein
solcher Ansatz in Form eines ganzheitlichen Verständnisses eröffnet
den Zugang zum Untersuchungsgegenstand der Jugendkriminalität.

5.3.1.1 Figurationslehre *von Norbert Elias*

Der Vorgang des Heranwachsens und Erwachsenwerdens kann als
Aushandlungs- und Positionierungsprozess verstanden werden, den
ein junger Mensch im Verhältnis zur Gesellschaft durchlaufen und
meistern muss. Die Gesellschaft und die einzelnen Individuen stehen
sich hierbei nicht etwa unversöhnlich gegenüber, sondern sie stellen
elementare und untereinander verflochtene Bestandteile des
Sozialraums dar, die in verschiedener Weise miteinander
interagieren. Die Ausgestaltung dieses Bedingungsverhältnisses
umschreibt Elias wie folgt:

„Jede menschliche Gesellschaft besteht aus einzelnen Individuen,
und jedes menschliche Individuum wird menschlich nur, wenn es zu
handeln, zu sprechen, zu fühlen lernt in Gesellschaft von anderen."
(Elias 2001, S. 108f.) Als Einordnung lässt sich hieraus entnehmen,
dass es „eine [...] Kluft zwischen Individuen und Gesellschaft nicht
gibt" (ebd., S. 108). Die Vermittlung der Ebenen erfolgt über

---

Vorgehen kann auch Bourdieu zugeschrieben werden, der „alle
epistemologischen und theoretischen Dualismen und Dilemmata aus
Philosophie und Sozialwissenschaften [aufgreift] [...], um sie dann in
einer soziologischen Synthese zu überwinden. Kurz: Er versucht,
philosophische Probleme soziologisch zu lösen." (Müller 2014, S. 27)

Beziehungen, welche bei Elias als Figurationen bezeichnet werden und eben jenem verbindenden Zweck dienen. „Es ist z. B. leicht genug zu übersehen, daß [sic] der Begriff der Figuration ausdrücklich dazu geschaffen ist, die vertrackte Polarisierung der soziologischen Theorien in solche, die das ‚Individuum‘ über die ‚Gesellschaft‘, und solche, die die, Gesellschaft‘ über das ‚'Individuum‘ [stellen], zu überwinden." (Elias 1995, S. 113) Der Wesenskern dieser Figurationen lässt sich mit Treibel herausarbeiten und definitorisch bestimmen. Es geht ihr zufolge um „Beziehungsgeflechte von Menschen, die mit der wachsenden gegenseitigen Abhängigkeit der Menschen immer komplexer werden. Die Mitglieder einer Figuration sind durch viele solcher gegenseitigen Abhängigkeiten (Interdependenzketten) aneinander gebunden" (Treibel 2006, S. 200). Die figurationellen Verflechtungen sind hierbei nicht als starres Gebilde, ähnlich einer kristallinen Struktur zu verstehen, sondern folgen der menschlichen Natur, in dem Sinn, dass es sich um dynamische Verbindungen handelt. Die Wandlungs- und Anpassungsfähigkeit des Menschen ist dem Figurationsmodell daher immanent. So stellt Elias fest: „Der Mensch ist ein außerordentlich modellierbares und variables Wesen" (Elias 1969, S. 377). In Übertragung auf die Untersuchungsmethodik und hinsichtlich der Fragestellungen fungieren die Faktoren Familie, Schule und Medien als Modelleure des sozialen Prozesses, auf den bereits bei Korte (2013, S. 58f.) hingewiesen wird. Im Weiteren kann die Vorstellung von dynamischen Beziehungs- und Verflechtungsprozessen in direkter Linie auf den Ansatz sozialer Bindungen bei Sampson und Laub hingeführt werden, bei dem die Beweglichkeit und Variation von Sozialbeziehungen in direktem Zusammenhang mit dem Alter und den Lebenserfahrungen zum Ausdruck gebracht wird. Insoweit findet der Ansatz altersabhängiger informeller Sozialkontrolle durch die dynamische Perspektive über den Längsschnitt eines Lebenslaufs ebenso wie die Bindungstheorie von Hirschi, vorwiegend unter dem

Aspekt der Verflechtungen in unterschiedlichen Bindungsformen, durch die Eliassche Figurationssoziologie Bestätigung. Hinsichtlich der Komplexität innerfigurationeller Abhängigkeitsbedingungen und insbesondere bezogen auf deren Auswirkungen spezifiziert Elias im Weiteren dahingehend, dass sich „aus der Interdependenz der Menschen [...] eine Ordnung von ganz spezifischer Art [ergibt], die zwingender und stärker ist, als Wille und Vernunft der einzelnen Menschen" (Elias 1969, S. 314). Es handelt sich demnach um mehr als um bloße Beziehungen. Den Figurationen wird vielmehr ein erweiterter Bedeutungsgehalt zugewiesen, der nicht nur die Auflösung bzw. Aufhebung des Verhältnisses von Individuen und Gesellschaft beinhaltet, sondern über die Intensität der Interdependenzgeflechte eine neue Beziehungsqualität skizziert, die aus sich selbst heraus entsteht und im übertragenen Sinne Eigenleben produziert.[68] Die praktische Ableitung kann im familiären oder schulischen Umfeld aus der Entwicklung und Verfolgung eines übergeordneten, nicht unbedingt wörtlich formulierten, Ziels bestehen, in Form von Zusammenhalt bzw. Anerkennung respektive Ablehnung erkennbar werden oder über die Vermittlung gruppendynamischer Prozesse im Bereich der Jugendkultur wirken sowie im familiären und schulischen Umfeld als abweichendes Verhalten und letztlich in Gestalt von Jugendkriminalität virulent werden.

---

[68] In freier Interpretation könnte man formulieren, dass das Ganze mehr ist als die Summe seiner Teile. Elias verdeutlicht dies, indem er seine Vorstellung von Figurationen und den entsprechenden Interdependenzgeflechten am Beispiel einer Kartenrunde bzw. eines Fußballspiels verdeutlicht (siehe hierzu Elias 2006, S. 172; 176).

Proposition 5

Die innerfigurationellen Beziehungsgeflechte wirken im Kontext der Jugendkriminalität als Abhängigkeitsverhältnisse und können eine Eigendynamik über die Formulierung von gruppenspezifischen Zielen entwickeln, die über Zugehörigkeit und Loyalität gefasst und durch Kriminalität erreicht werden sollen. Als Beispiel kann hier das subkulturelle Bandenwesen angeführt werden.

5.3.1.2 Sozialraumtheorie von Pierre Bourdieu

Die Sozialraumtheorie und damit die Bourdieusche Vorstellung von der Struktur und Funktionsweise der sozialen Welt wird in dieser Arbeit durch die Einbindung und Kontextualisierung der elementaren Begriffe von Sozialraum, Feld, Kapital und Habitus in ihren Grundzügen nachvollziehbar, wenn auch verkürzt, dargestellt. Die Anwendungskompatibilität zur Jugendkriminalität wird über die Statusposition innerhalb des sozialen Feldes bzw. mit Bezug auf den Habitusbegriff hergestellt, sodass durch diesen zusätzlichen soziologischen Impuls das Netz der sozialwissenschaftlichen Analyseperspektiven verdichtet werden kann.

In dem Bemühen, „die Produktion und Reproduktion des sozialen Lebens zu verstehen und die Mechanismen aufzudecken, die dabei wirksam sind" (Müller 2014, S. 27), zeichnet Bourdieu die soziale Welt als mehrdimensionalen Raum (vgl. Bourdieu 1985, S. 9), „dem bestimmte Unterscheidungs- bzw. Verteilungsprinzipien zugrundeliegen" (ebd.). Der Raum wird durch einzelne soziale Felder konstituiert, wobei „jedes Feld über seine eigene interne Logik verfügt" (Bourdieu 1985, S. 11). Das Feld kann somit als „autonomer Mikrokosmos innerhalb des sozialen Makrokosmos" (Bourdieu 2001, S. 41) verstanden werden. Die „Akteure oder Gruppen von Akteuren" (Bourdieu 1985, S. 10) agieren in den Feldern (Politik, Wissenschaft, Religion etc.), wobei sich die soziale Positionierung innerhalb des

Feldes aus „der Verteilungsstruktur der [...] Machtmittel" (ebd.,
S. 10f.) des Einzelnen ergibt. Als Machtmittel benennt Bourdieu
verschiedene Formen von Kapitalien[69], namentlich das ökonomische
Kapital, das kulturelle Kapital, das soziale Kapital und das symbolische
Kapital (vgl. ebd., S. 11). Die angesprochene Stellung und der Rang in
Form „der sozio-ökonomischen Lage" (Bourdieu 1987, S. 278)
ergeben sich demnach aus „Umfang und Struktur des Kapitals"
(ebd.). Diese spezifische Zusammensetzung des Kapitals ist nicht nur
Ausdruck der Feldposition, sondern im Verweis auf tiefergehende
soziale Mechanismen aussagekräftig. Bourdieu führt hierzu aus:

> „Die zu einem bestimmten Zeitpunkt gegebene
> Verteilungsstruktur verschiedener Arten und Unterarten von
> Kapital entspricht der immanenten Struktur der
> gesellschaftlichen Welt, d. h. der Gesamtheit der ihr
> innewohnenden Zwänge, durch die das dauerhafte
> Funktionieren der gesellschaftlichen Wirklichkeit bestimmt
> und über die Erfolgschancen der Praxis entschieden wird."
> (Bourdieu 2005, S. 50)

---

[69] Bourdieu nimmt eine weitergehende Unterteilung des Kulturkapitals
in inkorporiertes-, objektiviertes- und institutionalisiertes Kulturkapital
vor (siehe hierzu etwa Bourdieu 2005, S. 53ff.). Die Herleitung der
Begriffe und die theoretische Konstruktion ist in dieser Arbeit nicht
Gegenstand weiterer Erörterung. Im Weiteren wird das symbolische
Kapital als Prestige oder Renommee (vgl. Bourdieu 1985, S. 11)
verstanden und keiner weiteren Befassung zugeführt. Als ergänzender
Hinweis wird darauf verwiesen, dass auch Bourdieu, ebenso wie Elias,
zur Verdeutlichung seiner Darstellungen beispielhafte Anleihen am
Kartenspiel nimmt und hierzu ausführt: „Gleich Trümpfen in einem
Kartenspiel, determiniert eine bestimmte Kapitalsorte die Profitchancen
im entsprechenden Feld" (Bourdieu 1985, S. 10). Dies ist insoweit
erwähnenswert, als dass dadurch ersichtlich wird, dass beiden der
Impetus eines praktischen Zugangs gemein ist und dem Verstehen
Vorrang vor Theoriesierung eingeräumt wird.

Die unterschiedlichen Kapitalsorten bilden daher die „Gesamtheit der gesellschaftlichen Austauschverhältnisse" (ebd.) ab und führen somit über die wirtschaftswissenschaftliche Deutung des Kapitalbegriffs in der beschränkenden Form des Warenaustauschs hinaus (vgl. ebd, S. 50f.). Die Kapitalausstattung entscheidet also wesentlich über den Status eines Akteurs, wobei Bourdieu dem ökonomischen Kapital an diesem Punkt eine dominierende Rolle zuspricht (vgl. Bourdieu 1985, S. 11). Die Stellung des ökonomischen Kapitals lässt sich im Weiteren daran erkennen, dass Bourdieu die Kapitalsorten im Hinblick auf die jeweilige Konvertierbarkeit in ökonomisches Kapital untersucht (vgl. Bourdieu 2005, S. 52) und auf die Transformationskosten hinweist (vgl. ebd., S. 70), die notwendig sind, „um die in dem Bereich wirksame Form der Macht zu produzieren" (ebd.). Hinsichtlich der Konvertierbarkeit einzelner Kapitalsorten nimmt er wie folgt Stellung:

> „Das ökonomische Kapital ist unmittelbar und direkt in Geld konvertierbar und eignet sich besonders zur Institutionalisierung in der Form des Eigentumsrechts; das kulturelle Kapital ist unter bestimmten Voraussetzungen in ökonomisches Kapital konvertierbar und eignet sich besonders zur Institutionalisierung in Form von schulischen Titeln; das soziale Kapital, das Kapital an sozialen Verpflichtungen oder Beziehungen, ist unter bestimmten Voraussetzungen ebenfalls in ökonomisches Kapital konvertierbar und eignet sich besonders zur Institutionalisierung in Form von Adelstiteln." (Bourdieu 2005, S. 52f.)

In Anlehnung an den von Bourdieu konstruierten Sozialraum sind die in der vorliegenden Untersuchung thematisierten Beziehungsverhältnisse in den Sozialisationsinstanzen Familie und Schule dem Bereich des sozialen Kapitals zuzuordnen. In Abhängigkeit von Qualität und Güte der Beziehungen führen diese zu

einer Volumenmehrung und wirken sich in Form eines höheren
Status bzw. einer entsprechenden Feldposition, aus. Somit geht die
bereits angesprochene protektive Kriminalitätswirkung der sozialen
Bindungen mit dem erworbenen Status innerhalb eines sozialen
Feldes einher und das normgerechte Verhalten erklärt sich aus dem
Bedürfnis der Beibehaltung des jeweiligen Status. Zur inneren
Struktur der Felder muss jedoch hinzugefügt werden, dass es sich bei
den Feldern auch um Kampffelder handelt (vgl. Bourdieu 1985, S. 74),
„auf denen um Wahrung oder Veränderung der Kräfteverhältnisse
gerungen wird" (ebd.). Der Bezug zur Kriminalität entsteht dann,
wenn diese im Zusammenhang mit der Verteidigung oder zur
Erreichung einer Position als Mittel der Wahl eingesetzt wird.

Der schulische Erfolg, in Form eines Abschlusses, kann in Übertragung
des vorgenannten Gedankengangs dem kulturellen Kapital
zugeordnet werden. Die somit hergestellte Anschlussfähigkeit an
Berufs- und Arbeitsleben steht in direkter Nähe zum ökonomischen
Kapital und der damit verbundenen Position und ist daher
gleichermaßen protektiv wirksam.

Die Sozialisationsinstanzen Familie und Schule entwickeln in der
Fortführung des Sozialraummodells von Bourdieu weitergehende
Relevanz, da sie auch kulturelles Kapital (inkorporiertes Kulturkapital)
vermitteln (vgl. Müller 2014, S. 53) und soweit zur Ausbildung des
Habitus beitragen.

> „Das Resultat dieses Prozesses ist ein verinnerlichtes,
> körpergebundenes und in Dispositionen verfestigtes
> Potential einer Person. Es kommt im kognitiven Sinn als
> Kompetenz zum Ausdruck, im evaluativen Sinn als Moral,
> im ästhetischen Sinn als Geschmack und im expressiven
> Sinn als Lebensstil. (ebd.)

Dieses vermittelte Potential bildet in seinen unterschiedlichen Ausdrucksformen den Habitus, der sich in praktischer Hinsicht über das Verhalten, die „Art der Sprache, Kleidung" (Bourdieu 1970, S. 69) oder „der Art zu gestikulieren oder zu gehen, sich zu setzen oder zu schneuzen [sic], beim Sprechen oder Essen den Mund zu bewegen" (Bourdieu 1987, S. 727) verdeutlicht. Bourdieu versteht den Habitus vor dem Hintergrund einer klassenspezifischen Sichtweise[70] als Zuordnungs- und Unterscheidungsmerkmal, wobei sich die Klassen „aus all den Akteuren zusammensetzen, die ähnliche Positionen innehaben, die ähnlichen Bedingungen und Konditionierungen unterworfen sind und daher mit hoher Wahrscheinlichkeit ähnliche Dispositionen und Interessen haben, also ähnliche Praktiken, Verhaltensweisen und Meinungen produzieren" (Bourdieu 2001, S. 128). Dieser Prozess der Unterscheidung, bzw. Abgrenzung, der Klassen und Lebensstile wird als Distinktion bezeichnet (Bourdieu 1985, S. 21; Bourdieu 1987, S. 405ff.).

Die Jugendkriminalität kann beispielhaft in Form feldspezifischer Abgrenzung, etwa in gruppendynamischen Prozessen (Revier- oder Bandenverhalten) oder dem Aufbegehren innerhalb des Familienfeldes sichtbar werden. Diese Distinktion wirkt jedoch nicht notwendigerweise kriminogen. Sie kann auch als normaler altersbedingter familialer Ablösungsprozess verlaufen.

Der Habitus - in primärer Sozialisation durch die Familie ausgebildet und vermittelt sowie in sekundärer Sozialisation durch die Schule verfeinert (vgl. Bourdieu 1973, S. 132f. ; vgl. Jurt 2010, S. 11) - hängt

---

[70] Bourdieu versteht die Klasse in Abgrenzung zu Marx als theoretisches Konstrukt (vgl. Bourdieu 2001, S. 128; 1985, S. 14), so dass die weitergehenden Argumentationslinien (Einteilung in herrschende und beherrschte Klasse und den damit zusammenhängenden Deutungsmustern) in dieser Arbeit nicht weiter gefolgt wird, weil dies vom Untersuchungsthema wegführen würde.

in seiner Entstehung und Ausformung, zusätzlich zu den sozialisationsbedingten Einflüssen der Gesellschaft, in direkter Weise mit dem individuellen Erleben und Verhalten des einzelnen, den sogenannten intrapsychischen Vorgängen zusammen. Dieser Aspekt wird unter anderem durch die angesprochene evaluative Ausformung des Habitus als Moral entwicklungspsychologisch adressiert, wenn auch in den bindungstheoretischen Ausführungen von Hirschi die Kategorie der Moral einbezogen wird, indem der Glaube an die moralische Gültigkeit von Regeln (vgl. Hirschi 1969, S. 29) als eine der Bindungsformen, die Kriminalität verhindert, genannt wird. Das Verständnis der Jugendkriminalität als unmoralisches Verhalten wird in der weiterführenden Bearbeitung aufgegriffen.

Proposition 6

Der Habitus als praktische und über die Kleidung, das Auftreten und die Verhaltensweisen visuell wahrnehmbare Ausdrucksform kann protektiv wirken.

Als allgemeines Beispiel[71] sei auf den am Zielbahnhof ankommenden Geschäftsmann verwiesen, dem aufgrund seines Auftretens keine Drogen angeboten werden. Andererseits kann sich der Habitus in seiner Ausstrahlungswirkung auf andere Personen kriminalitätsbegünstigend ausprägen, indem der Taschendieb den beschrieben Geschäftsmann als lohnendes Ziel detektiert.

---

[71] Mit Bezug auf die Jugendkriminalität kann beispielhaft auf den Jugendlichen verwiesen werden, der durch seine Kleidung, das Verhalten und sein Äußeres Erscheinungsbild Anschlussfähigkeit an Subkulturgruppen (etwa die Punker- oder Skinheadszene) demonstriert und so ggfs. gruppendynamischen Prozessen unterworfen wird, die in Kriminalität münden können.

Proposition 7

Eine eigenständige kriminogene Wirkung entfaltete der Habitus in Verbindung mit dem Statuserhalt und der Distinktion[72].

5.3.2 Kriminalpsychologie

Die Psychologie als Lehre vom Verhalten des Individuums und dessen geistigen Prozessen (vgl. Suhling und Greve 2010, S. 23) wird hinsichtlich der Jugendkriminalität als Analysewerkzeug herangezogen, da nicht nur das sichtbare Verhalten (vgl. ebd.) in Form der kriminellen Aktivität oder der strafbaren Handlung zum Gegenstand gehört, sondern insbesondere die Befassung „mit inneren (mentalen) Prozessen wie Gedanken (Kognition), Gefühlen (Emotion), Wünschen, Absichten, Beurteilungen, Wahrnehmungen" (ebd.) erfolgt und die „Aktivitäten, die nicht sichtbar sind und den meisten Verhaltensweisen zugrunde liegen" (ebd.), untersucht werden.

5.3.2.1 Bindungen

Die zentrale Rolle der Bindungen wurde mit Hirschi, Sampson und Laub sowie Elias bereits angesprochen und die protektive Wirkung qualitativer und personaler Bindungsformen herausgearbeitet, bzw. die Bedeutung sozialer Verflechtungen und der Figurationsverhältnisse unterstrichen. Aus psychologischer, bzw. psychoanalytischer, Sicht wird nun die Frage nach dem Bindungsbedürfnis, oder eher der Bindungsfähigkeit, des Menschen aufgeworfen, die als Grundlage der Ausgestaltung verschiedener

---

[72] Als Beispiel für diese Form der kriminogenen Wirkung kann bei Jugendlichen etwa der Ladendiebstahl von Markenkleidung angesehen werden. Die Kleidung fungiert hier oftmals als Statussymbol, welche der Verfestigung der eigenen Position, der Fortführung und dem Beibehalt des eigenen Verhaltens (Habitus) dient.

Beziehungsformen und der gesellschaftlichen Anbindungsfähigkeit vorausgesetzt werden muss. Die Bindungsforschung[73] setzt daher im frühen Stadium menschlicher Entwicklung an und untersucht die „Bindungen zwischen Kindern und Eltern von Beginn des Lebens an" (Möhring 2014, S. 48). Die Grundannahme besteht hier darin, dass es ein angeborenes Bedürfnis nach Bindung gibt und die psychische Entwicklung des Menschen von den jeweiligen Bindungserfahrungen bestimmt wird (vgl. ebd.). Möhring kommt zu dem Schluss, dass die in der Kindheit ausgebildeten Bindungsmuster auch im Erwachsenenalter fortbestehen (vgl. ebd, S. 49.) und es Anzeichen dafür gibt, „dass die frühe Bindung eine Schlüsselrolle bei der transgenerationalen Weitergabe von seelischer Not und Deprivation" (ebd.) einnimmt. Daher ist davon auszugehen, dass „sich eine sichere Bindung vorteilhaft auf eine Reihe kognitiver und sozialer Fähigkeiten auswirkt" (Fonagy 2009, S. 15), und Bindungsstörungen zu abweichendem Verhalten, wie zu Kriminalität, führen können (vgl. Möhring 2014, S. 50). Ein solcher Befund wird bei Ziegenhain et al. in entwicklungspsychopathologischer Hinsicht bestätigt, indem dargelegt wird, dass das Auftreten von Beziehungsstörungen und ein entsprechendes Bindungsverhalten bereits in früher Lebensperiode den normalen Entwicklungsverlauf stört (vgl. 2012, S. 950). An diesem Punkt kann auf den Bereich der Persönlichkeitsstörungen verwiesen werden, deren „zentraler Kernbereich [...] Probleme auf

---

[73] In der entsprechenden Literatur zeigen sich vielfache Ansätze zur Bindungsforschung, die aufgrund ihrer Umfänglichkeit in dieser Arbeit nicht weitergehend erörtert werden können. Als maßgeblicher Vertreter wird von verschiedenen Autoren (exemplarisch Möhring 2014, S. 48; Fonagy 2009, S. 7; Ehmke 2013, S. 12ff.) John Bowlby benannt, der in Abkehr von der sexuell konnotierten Triebtheorie von Siegmund Freud, das Bindungsbedürfnis als hauptsächliche Triebfeder menschlicher Motivation in den Vordergrund gerückt hat (vgl. Ehmke 2013, S. 14ff.).

der Ebene von Beziehungen und Interaktionen sind" (Sachse 2018, S. 6). Demnach besteht „[d]as Dilemma persönlichkeitsgestörter Menschen [...] [darin], dass grundlegende interaktionelle Bedürfnisse, die in der Kindheit frustriert wurden, während des gesamten Lebens eine besondere Wichtigkeit erlangen" (Wöller 2013, S. 414). Mit Stone kann das Krankheitsbild der antisozialen Persönlichkeitsstörung kontextualisiert werden, wonach die Jugendkriminalität als „eine der zentralen Formen von Antisozialität" (Stone 2017, S. 14) anzusehen ist. „Verhaltensstörungen im Kindesalter" (ebd., S. 18) sind „oft ein Vorbote späterer antisozialer Störungen" (ebd.). Diese können sich im frühkindlichen Beziehungsgefüge unter anderem in nicht angepasstem Sozialverhalten manifestieren (vgl. Schuster et al 2005, S. 3ff). Die Ergebnisse von Caspi et al. korrespondieren, da sie insbesondere die Relevanz einer ungestörten frühkindlichen Entwicklung betonen und feststellen, dass ein relativ kleiner Teil der Erwachsenenpopulation für einen Großteil der wirtschaftlichen Kosten, bei denen die Kriminalität inkludiert ist, verantwortlich ist und diese Disposition bereits in früher Kindheit entsteht und auch entsprechend prognostiziert werden kann (vgl. Caspi et al. 2016 a, S. 1).

> „A segment comprising 22 % of the cohort accounted for 36 % of the cohort's injury insurance claims; 40 % of excess obese kilograms; 54 % of cigarettes smoked; 57 % of hospital nights; 66 % of welfare benefits; 77 % of fatherless child-rearing; 78 % of prescription fills; and 81 % of criminal convictions. Childhood risks, including poor brain health at three years of age, predicted this segment with large effect sizes. (ebd.)

Beachtenswert ist einerseits der Umstand, dass 22 % der Untersuchungskohorte über verschiedene Bereiche hinweg (Sozialleistungsbezug, Übergewicht, Rauchen etc.) überrepräsentiert

sind und dieser Gruppe zudem 81 % der strafrechtlichen
Verurteilungen zugeordnet werden können. Andererseits ist die sehr
frühe Detektion der Gruppe im Alter von drei Jahren bemerkenswert,
welche über den längsschnittlichen Aufbau der Studie ermöglicht
wird.[74] Als Risikofaktoren wurden das Aufwachsen im
sozioökonomisch benachteiligten Umfeld, Misshandlungen, geringer
Intelligenzquotient[75] und die wenig ausgeprägte Selbstkontrolle
festgestellt (vgl. ebd.).

5.3.2.2 Selbstkontrolle

Die Selbstkontrolle ist nochmals gesondert anzusprechen, da sie, wie
bereits genannt, im Zusammenhang mit der Bildung der sozialen
Identität von entscheidender Bedeutung ist und zudem in den
kontrolltheoretischen Konzepten (Hirschi/ Sampson und Laub) eine
entsprechende Modifizierung erfolgte, die auf die Selbstkontrolle des
Menschen abzielt. Eine nähere Bestimmung der Selbstkontrolle kann
beginnend mit einem Rekurs auf Schwind (siehe auch S. 63ff.)
gelingen, wonach eine niedrige Selbstkontrolle zum einen Teil aus
genetischer Veranlagung resultiert und zum anderen Teil durch das
elterliche Erziehungsverhalten bestimmt wird (vgl. Schwind 2016,

---

[74] Die Studie bezieht 940 der 1037 Teilnehmer der in Fußnote Nr. 29
beschriebenen Dunedin Kohortenstudie ein. (46 Personen waren
verzogen, 35 Personen konnten nicht erreicht werden und 16 Personen
waren bereits verstorben). Die Datenlage zu den einzelnen
Teilbereichen (Einkommen, Transferleistungsabhängigkeit, Kriminalität
etc.) wurde über die entsprechenden zuständigen Behörden hergestellt
(vgl. Caspi et al. 2016b).

[75] Caspi et al. sprechen an diesem Punkt wörtlich von „low IQ" (Caspi
et al. 2016a, S.1), sodass hier vom psychologischen Konzept der
Intelligenz, in Form der Fähigkeit zur Problemlösung, auszugehen ist.
In der angesprochenen Studie wurden IQ-Tests mit den Probanden
durchgeführt.

S. 172). Dieser Befund findet bei Moffitt et al (vgl. 2011a, S. 2693)[76] Bestätigung. In weiterführender Konkretisierung drückt sich die Selbstkontrolle in der Fähigkeit „to delay gratification, control impulses, and modulate emotional expression" (ebd.) aus.[77] Die angesprochene Studie nimmt Bezug auf die kindliche Selbstkontrolle und weist nach, dass sie entscheidend mit der späteren körperlichen Gesundheit, etwaiger Drogenabhängigkeit, dem Einkommen und der Kriminalität zusammenhängt (vgl. ebd.). „Differences between individuals in self-control are present in early childhood and can predict multiple indicators of health, wealth, and crime across 3 decades of life in both genders." (Moffitt et al. 2011a, S. 2697). Also kann festgehalten werden, dass die Fähigkeiten zur Impuls-Reizkontrolle, zum Belohnungsaufschub und der Modulation des emotionalen Ausdrucks als Selbstregulationskräfte zur sozial-emotionalen Entwicklung beitragen und als individuelle Werkzeuge des normgerechten Verhaltens anzusehen sind und so einen wesentlichen Anteil an einer entsprechenden Lebensführung haben.

Proposition 8

Die Fähigkeit zur Selbstkontrolle eines jungen Menschen kann über das elterliche Erziehungsverhalten maßgeblich beeinflusst werden!

5.3.2.3 Persönlichkeitsstruktur und Moralentwicklung

Die Persönlichkeitsstruktur und deren Veränderung wird in der Entwicklungspsychologie über die Ebenen der „emotionalen bzw. psychosexuellen Entwicklung, der kognitiven Entwicklung

---

[76] Der angesprochene Befund ergibt sich aus einer entsprechenden Auswertung auf Grundlage der Dunedin Studie (vgl. Moffitt et al. 2011b).

[77] Die angesprochene Impulskontrolle bezieht sich auf die „Hemmung von heftigen und plötzlichen Handlungsantrieben" (Herpertz 2001, S. 3).

(Denkstrukturen, Wissenserwerb) und der Entwicklung des Moralbewusstseins bzw. der moralischen Urteilsfähigkeit" (Scherr 2009, S. 117) beschrieben. Mit Blick auf die psychischen Reifungsprozesse und insbesondere vor dem Hintergrund des zu bearbeitenden Topos Jugendkriminalität erscheint die moralische Entwicklung als relevant, da die Bewertung krimineller Handlungen maßgeblich an den Aspekt der Moral gebunden ist. Die Moralpsychologie interessiert sich dafür, ob und inwieweit sich das Erleben und Verhalten des Menschen an sozialen Normen orientiert, rational gerechtfertigt werden kann oder sich an Gerechtigkeitsstandards ausrichtet (vgl. Becker 2011, S. 18). Die elterliche Erziehung - insbesondere der Aspekt der Wertevermittlung - wird diesbezüglich Bezugskategorie und so zu einer der Grundlagen moralischen Handelns. Hierbei stellt sich die Frage, inwieweit die Übernahme der positiv prägenden Wertvorstellung im Sinne einer Integration dieser Muster in das eigene Modell der Lebensführung nur auf Grundlage, oder vielmehr im Gleichklang mit einer gesunden Psyche vollziehen kann. Insoweit fügen sich die innerfamilialen Bindungsstrukturen als variierende Konzepte, welche in verschiedener Intensität und Konstellation auf den jungen Menschen einwirken, zusammen mit dem Prozess der Moralentwicklung in die Dynamik eines Lebenslaufs ein.

In der vorliegenden Untersuchungsanordnung wird die Moralentwicklung über das Stufenmodell von Kohlberg angerissen, weil dieses als entwicklungspsychologisches Konzept durchaus in die Dynamik des Lebenslaufs eingepasst werden kann. Kohlberg beschreibt in seiner Dissertation *The Development of Modes of Moral Thinking and Choice in the Years 10 to 16* aus dem Jahr 1958 ein Modell der Moralentwicklung, welches 3 Stufen mit jeweils 2 Unterkategorien umfasst und in sukzessiver Abfolge entsprechend des jeweiligen Lebensalters verschiedene Orientierungen auf dem

Weg zum moralischen Urteil bezeichnet, welche durchlaufen werden. Er weist die nachfolgenden Stufen aus: Orientierung an Gehorsam und Bestrafung; Naiv-Egoistische-Orientierung; Guter-Junge-Orientierung, Orientierung an der sozialen Ordnung und Autorität; Vertragsrechtliche Orientierung; Orientierung an Gewissen und Prinzip (vgl. Kohlberg 1994, S. 351).[78] Das Modell von Kohlberg kann insoweit als Matrix für die Beschreibung der Eltern-Kind-Beziehung dienen, als die anfänglich sehr enge Bindung über Emanzipations- und Abnabelungsprozesse auf der einen Seite und der moralischen Reifung sowie der Entwicklung eines Selbstkonzepts auf der anderen Seite zu Individualisierung und Eigenständigkeit führen. Die Konzeption geht auf die Arbeiten von Jean Piaget zurück, der in Übereinstimmung mit Kohlberg davon ausgeht, „daß [sic] sich Entwicklung an eine sequenzielle Ordnung hält, insofern jedes ihrer Stadien zum Aufbau des nächsten notwendig ist" (Piaget 1981, S. 86).

Die Modelle der moralischen Urteilsentwicklung werden in der weiteren Erörterung ausgeklammert, da der evident erscheinende Zusammenhang zwischen Kriminalität und Moral angezweifelt werden kann. So falsifiziert Hermann in einer Untersuchung im Rahmen seiner Konzeption einer allgemeinen Kriminalitätstheorie „[d]ie Hypothese, dass mit hoher Moralentwicklung eine relativ geringe Delinquenzbelastung und Bereitschaft zu delinquentem Handeln verknüpft ist" (Hermann 2003, S. 180). Er stellt weiter fest: „Somit ist die Hypothese, dass die Moralentwicklung einen direkten Einfluss auf delinquentes Handeln hat, falsifiziert." (ebd.) Darüber hinaus ist die Moral in ihrer diffusen Vieldeutigkeit zu unbestimmt, um als aussagekräftige Bewertungskategorie der Jugendkriminalität zu dienen. Diese These findet bei Smaus Bestätigung, die feststellt,

---

[78] Eine Übersicht und kritische Reflexion finden sich bei Becker (2011).

dass „Recht nicht wegen seiner moralischen Qualität, sondern wegen seiner Ordnungsfunktion befolgt wird" (Smaus 1985, S. 46).

5.3.2.4 Theory of Mind

Über das allgemeinpsychologische Konzept der Theory of Mind wird die kriminalpsychologische Betrachtung abgeschlossen, da sie bei Förstl als „Grundlage sozialen, ‚sittlichen' Verhaltens (Förstl 2012, S. 4) gilt und demnach in direktem Bezug zu nicht normgerechten Verhalten junger Menschen gesetzt werden kann. Es geht hierbei um „eine spezielle geistige Leistung nämlich die Fähigkeit bzw. den Versuch eines Individuums, sich in andere hineinzuversetzen, um deren Wahrnehmungen, Gedanken und Absichten zu verstehen" (ebd.). Das Verhältnis von Theory of Mind und sozialer Beziehung ist wechselbezüglich angelegt (vgl. Steinböck 2012, S. 270), sodass im Zusammenhang mit Kriminalität nachfolgendes festgestellt werden kann:

> „Kriminalität ist nicht als bloße Außerkraftsetzung der ToM [Theory of Mind] des Täters erklärbar. Der Zusammenhang zwischen ToM und Kriminalität bedarf weiterer Erforschung, verspricht aber bereits jetzt heuristisch interessante Aspekte. Obgleich er seinen Ausgang im neurobiologischen Kontext nahm, weist er, je mehr er sich ausdifferenziert, umso mehr darüber hinaus und auf den sozialen Kontext, in dem sich Kriminalität letztlich bewegt" (ebd., S. 271).

Es lässt sich demnach belegen, dass sich letztlich auch über die Betrachtung der Theory of Mind die sozialen Bezüge im Zusammenhang mit Jugendkriminalität als wesentlich zeigen.

Proposition 8

Die Frustration grundlegender sozialer Bedürfnisse in der Kindheit stellt sich als eigenständiger kriminogener Faktor dar!

In der Fortführung des Untersuchungsprozesses soll die ätiologische Ausrichtung mit dem direkten Bezug auf die kriminogenen Faktoren der Jugendkriminalität hinsichtlich der Polizei als Sicherheitsakteur ausgeweitet werden, um deren Stellung im Sozialgefüge erfassen und austarieren zu können. Beim Abgleich der herausgearbeiteten Propositionen mit den diesbezüglichen Handlungsmöglichkeiten der Polizei, die sich aus der gesetzlichen Aufgabenzuweisung ergeben, fällt auf, dass der Polizei kaum Möglichkeiten positiver Intervention eröffnet werden. Im Folgenden werden drei Bereiche konkretisiert.

6 Spannungsfeld Polizei und Jugendkriminalität

6.1 Erziehung

Der Polizei[79] als Institution formeller Sozialkontrolle kommt eine regulative Funktion im Prozess der Sozialisation zu, da sie die Jugendkriminalität, die als Störung oder Hemmung des individuellen gesellschaftlichen Integrationsprozesses adressiert werden konnte, in angemessener Form und im Einklang mit der polizeilichen Aufgabenzuweisung[80], die sich im Wesentlichen in der

---

[79] Vorliegend wird in der Hauptsache auf die Tätigkeit der Schutzpolizeibeamten der Länder rekurriert, da diese im Verbund mit besonders geschulten Jugendsachbearbeitern oder in Zusammenarbeit mit den *Häusern des Jugendrechts*, in denen Experten aus verschiedenen Behörden synergetisch zusammengefasst tätig sind (vgl. Internetpräsentation des Landes Rheinland-Pfalz o. J., o. S.), mit der Jugendkriminalität befasst werden. Auf eine weitergehende Erörterung der Zuständigkeitsregelungen oder die grundgesetzliche Normierung bzw. deren Umsetzung und Ausgestaltung in den Polizeigesetzen der Länder kann hier verzichtet werden.
[80] Zu den einzelnen Polizeibegriffen (materiell, institutionell, formell) und den damit verbundenen Aufgabenzuweisungen bzw. den

Gefahrenabwehr und der Strafverfolgung ausdrückt (vgl. Brinktrine 2018, S. 150ff.), bearbeiten und den Ausschlägen in Form jugendstrafrechtlicher Verfehlungen in Zusammenarbeit mit den übrigen Institutionen der Sozialkontrolle (Schulen, Jugendhilfe, Staatsanwaltschaften und Gerichte) entgegenwirken muss. Die Institution Polizei nimmt hierbei eine wichtige Stellung ein, da die Beamten als Teil der Eingriffsverwaltung in exekutiver Funktion und Träger des staatlichen Gewaltmonopols im direkten Kontakt mit den Jugendlichen und Heranwachsenden stehen und somit auch in unmittelbarer Weise – nicht zuletzt auch aufgrund der Uniformierung - als Exponent des Staates wahrgenommen werden. Der Erziehungsgedanke ist dem Jugendgerichtsgesetz inhärent und findet über die jugendrechtlichen Regelungen durch die Staatsanwaltschaft oder das Gericht Anwendung. Die Polizeibeamten fungieren hierbei als Impulsgeber dieses Erziehungsprozesses über die Begründung des Anfangsverdachts einer Straftat und der damit verbundenen Einleitung des Ermittlungsverfahrens. Im Weiteren tragen sie über die adäquate Bearbeitung, etwa in Form altersgerechter Vernehmungen oder über die Erstattung sogenannter Diversionsberichte,[81] zum Gelingen bei.

---

spezialgesetzlichen Regelungen, insbesondere hinsichtlich des Rechtscharakters des polizeilichen Gefahrenabwehrrechts im Vergleich zu strafprozessualen Normen siehe Schenke und Schenke (2018; im Überblick Schenke 2018).

[81] Die Diversion kann als „eine Umleitung um das System (jugend-) strafrechtlicher formeller Sozialkontrolle durch informelle Erledigung" (Sonnen 2011, S. 483) verstanden werden. Der polizeiliche Diversionsbericht gibt Auskunft darüber, inwieweit sich der Beschuldigte erziehungsfähig gezeigt hat und somit der Staatsanwaltschaft die Möglichkeit des Absehens von der weiteren Verfolgung, etwa in Verbindung mit der Erziehung dienlichen Weisungen oder Auflagen, gegeben ist.

6.2 Prävention

Im Grundsatz kann die Prävention im Vergleich mit der Repression als
„inhaltlich vorrangig und zeitlich vorgängig" (Steffen 2015, S. 57)
angesehen werden, da sie „zukünftige Gefährdungen erkennen und
ihnen durch Handeln in der Gegenwart zuvorkommen" (ebd., S. 69)
will. Auf diese Weise soll der Begehung von Straftaten vorgebeugt
werden. Die Polizei als einer der Träger der Kriminalprävention[82] wird
in diesem Zusammenhang in verschiedener Weise - etwa in Form von
Programmarbeit im Bereich der Drogenprävention, der Organisation
von Sportveranstaltungen oder Opferschutzberatungen etc. - tätig.
Hierbei sind die Polizeibeamten den Kräften eines mehrpoligen
Spannungsfeldes ausgesetzt, das aus der praktischen Tätigkeit und
der Kommunikation mit den Jugendlichen und Heranwachsenden
sowie der Zusammenarbeit mit Jugendhilfestellen entsteht und den
Bereich der im strafrechtlichen Vorfeld verorteten Präventionsarbeit
umfasst. Diese Arbeit ist notwendigerweise mit dem Aufbau eines
gegenseitigen Vertrauens- und Respektverhältnisses verbunden, das
durch offene Kommunikation flankiert wird, und bestenfalls dazu
führt, sich in die Motivationslage des Gegenübers einfinden und
seitens der Polizei Hilfestellung anbieten oder
Kooperationsbereitschaft zeigen zu können. Die Polarität des
Spannungsfeldes ergibt sich einerseits aus der polizeilichen

---

[82] Nach Steffen handelt es sich im Einzelnen um „Kinder- und
Jugendhilfe, Schule, Strafrecht und Strafjustiz" (2015, S. 76). Die
Kriminalprävention wird in die Stufen der primären Prävention, der
sekundären Prävention und der Tertiärprävention unterteilt, wobei die
Primärprävention hauptsächlich auf die Familie und Erziehung bezogen
wird und die Polizei im Bereich der Sekundärprävention durch
Polizeipräsenz oder in Form von Programmen tätig wird (vgl. Schwind
2016, S. 21).

Strafverfolgungspflicht – dem Legalitätsprinzip.[83] Andererseits spielt das dadurch bewirkte Interaktionshemmnis eine Rolle, welches sich in Bezug auf Jugendliche und Heranwachsende in der Angst vor Strafverfolgung zeigt und zur Zurückhaltung entsprechender Informationen – und damit zur Einschränkung der gemeinsamen Basis oder einer grundlegenden Skepsis gegenüber Polizeibeamten führt und hinsichtlich sonstiger Präventionsträger mit deren Jugendhilfegedanken und dem damit verbundenen Verschwiegenheitsverhältnis, dass sich aus dem Binnenbezug zwischen Helferrolle und Klient ergibt, kollidiert. Matzke und Schramm weisen diesbezüglich auf eine „Sollbruchstelle in der Präventionsarbeit der Polizei" (2008, S. 12) hin, die sich in Bezug auf das pädagogische Agieren der Polizei zeigt, welches sich nicht mit dem Legalitätsprinzip in Einklang bringen lässt (vgl. ebd.). Die weitergehende Orientierung sollte daher nicht in Richtung der Aufweichung des Legalitätsprinzips[84] gehen (vgl. ebd.), sondern dahin „wie Jugendlichen der entsprechende Inhalt entweder anders oder von anderen Akteuren nahe gebracht werden kann" (ebd.). Emig sieht „den erweiterten und vorgelagerten Polizeieinsatz in den Feldern der Kinder- und Jugendhilfe und [der] Schule" (2011, S. 154) kritisch und geht davon aus, „das [sic] das Primat der Pädagogik in

---

[83] Nach dem Legalitätsprinzip haben Staatsanwaltschaft und Polizei bei dem Anfangsverdacht einer Straftat von Amts wegen einzuschreiten (vgl. Schwind 2016, S. 396).
[84] Die Autoren verweisen diesbezüglich auf ein Konzept der Stadt Hamburg, bei dem Polizeibeamte für Tätigkeiten im Rahmen des Projektes freigestellt und in der Freizeit auf Honorarbasis tätig werden, um so dem Strafverfolgungszwang zu entgehen (vgl. Matzke und Schramm 2008, S. 10). Eine Auffassung der Strafverfolgungspflicht „als Garant für ein einheitliches polizeiliches Vorgehen ohne Ansehen der Person, deren soziale Herkunft bzw. der Einschätzung einer spezifischen Situation vor Ort" (ebd., S. 11) steht einem solchen Vorgehen unvereinbar gegenüber.

Jugendhilfe und Schule zugunsten eines repressiven Umgangs mit
Kindern und Jugendlichen ausgehöhlt wird" (ebd., S. 155). Er sieht die
Konstruktion von Risikogruppen, etwa jener der Intensivtäter, als
Begründung für die Ausweitung polizeilicher Tätigkeiten in diesem
Feld an (vgl. ebd. S. 154), wobei angemerkt werden muss, dass die
Polizei auch in der Umsetzung allgemeiner Vorbeugung tätig wird und
hierbei kein Bezug zu Informationsgewinnung oder der Ansprache
von Intensivtätern gesehen werden kann.

6.3   Reaktion

Das Wissen um die Jugendkriminalität als eher „leichtere"
Kriminalität von episodenhaft passagerer Verlaufsform wird von der
polizeilichen Funktion im strafprozessualen Erkenntnisverfahren und
der diesbezüglichen Ausrichtung am Erziehungsgedanken des
Jugendstrafrechts reflektiert. Im Bereich der Präventionsarbeit und
hinsichtlich konkreter Maßnahmen der Gefahrenabwehr fließen
kriminologische Erkenntnisse in die Ausgestaltung, Konkretisierung
und Umsetzung von Maßnahmen ein, sodass Schwerpunktsetzungen
in der kriminalpräventiven Ausrichtung zielgenauer erfolgen können.
Die persistenten Formen des Kriminalverhaltens junger Menschen
können ausweislich der Darstellungen von Moffitt et al. und Caspi et
al. in einem frühen Stadium jugendlicher Entwicklung vorhergesagt
werden, was insofern von Relevanz ist, wie Boers und Reinecke
feststellen, dass „im Dunkelfeld der Kriminalität die höchste
Kriminalitätsbelastung erheblich früher als im Hellfeld erreicht wird"
(Boers et al. 2010, S. 58) und der „Anteil an Intensivtätern, früher als
bislang angenommen, ab dem 16. Lebensjahr" (ebd., S. 60)
zurückgeht. Aus diesen Erkenntnissen kann für die Polizei eine
Handlungsstrategie abgeleitet werden, die auf eine frühere
präventive Intervention hinausläuft oder sich in Form von Beratung
und Unterstützung anderer Akteure der Kriminalprävention zeigt.

Proposition 9

Die Polizei kann vorrangig im Bereich der Präventivarbeit, wenn auch im begrenzten Umfang, protektive Wirkungen erzielen![85]

7   Zusammenfassende Darstellung

Im Untersuchungsprozess konnten insgesamt 9 Propositionen als bereichsspezifisches Fazit bzw. Konklusion herausgearbeitet werden. Diese dienen der Übersichtlichkeit und eröffnen die Möglichkeit einer vertiefenden Textrezeption. Zudem können die Propositionen als Extrakte Grundlage einer zukünftigen empirischen Überprüfung sein. Im Folgenden wird der Untersuchungsprozess rekapitulierend verarbeitet und unter Bezugnahme auf die wesentlichen den Propositionen zugrundeliegenden Erörterungen zentriert dargestellt.

Die Definition der im Untersuchungsrahmen als relevant eingestuften Begriffe Jugend, Kriminalität, Delinquenz und abweichendes Verhalten ist durch den soziologisch-historischen Kontext hergeleitet und in der Bezugskategorie des Jugendstrafrechts zusammengeführt worden. Dieses Vorgehen erlaubt es, auf eine solche Deutungshoheit hinzuweisen, die sich in der Manifestation der Jugendkriminalität als strafrechtliche Kategorie zeigt. Außerdem eröffnet sich so die Möglichkeit die Jugendkriminalität als soziales Phänomen breiter, bzw. in einer für die Bezugsdisziplinen anschlussfähigeren Art, zu untersuchen. Hierbei konnten allgemeine kriminologische Erkenntnisse zur Jugendkriminalität, deren Struktur und Phänomenologie in enger Ausrichtung an der

---

[85] Hinsichtlich etwaiger kriminogener Wirkungen der Polizei, etwa durch Prozesse der Kriminalisierung, werden in vorliegender Arbeit keine Aussagen getroffen. Dieser Bereich wäre als Forschungsbereich gesondert zu bearbeiten.

Untersuchungsfragestellung über die Studie *Kriminalität in der modernen Stadt* und dem *Gutachten zur Gewaltentwicklung in Deutschland (Schwerpunkt Jugendliche)* konkretisiert werden. Es ist festzustellen, dass die Familie als sozialer Nahraum eine struktur- und richtungsgebende Funktion übernimmt, die über die Effekte einer gelungenen Erziehung hinausgeht, und der Schule als weiterführende Sozialisationsinstanz ebenfalls wesentliche Bedeutung zukommt. Bereits in der Befundlage der beiden Studien war der direkte Zusammenhang zwischen Kriminalität und Medienkonsum sowie die Verbindung zwischen gewaltsamer Erziehung und Gewaltprävalenz[86] als evident zu entnehmen.

Die theoretischen Modelle zur Erklärung der Kriminalität zeigten sich in Form der kontrolltheoretischen Ansätze über die unterschiedlichen Bindungsformen, deren variierende Intensität und die Beziehungsverhältnisse, die sich alters- und situationsspezifisch wandeln, bzw. die hinsichtlich des lerntheoretischen Ansatzes in hohem Maße geeignet sind, um in die längsschnittliche Perspektive eines Lebenslaufs eingepasst zu werden. Auf Grundlage der wissenschaftlichen Forschung zur Jugendkriminalität sind die theoretischen Modelle dahingehend aussagekräftig, dass Familie und Schule gleichermaßen als Sozialisationsinstanz und Institution sozialer Kontrolle fungieren und der Einfluss von Massenmedien als

---

[86] Unter der Prävalenz im kriminologischen Sinne wird die Verbreitung delinquenter Personen innerhalb einer Population in einem festgelegten Zeitraum verstanden (vgl. Schwind, S. 191), wohingegen „[d]ie Inzidenzrate [...] die Anzahl der Straftaten (oder auch der Verhaftungen oder Verurteilungen) an[gibt], die sich auf eine bestimmte Population beziehen, und zwar ebenfalls wieder innerhalb eines bestimmten Zeitraums" (ebd.). Als Entsprechung der Prävalenzrate kann die Tatverdächtigenbelastungszahl (siehe Fußnote Nr. 24) und als Äquivalent der Inzidenzrate die Häufigkeitszahl (siehe Fußnote Nr. 40) angesehen werden. So auch beispielhaft Schwind (vgl. ebd.).

indirekter Faktor krimineller Identifikation angesehen werden kann.
Vor dem Hintergrund der Untersuchungsfragestellung und den
bereits verdichteten Erkenntnissen erfolgte daher die Ableitung der
Faktoren Familie, Schule und Medienkonsum. Diese sind über den
Abgleich mit empirischen Daten, wie etwa dem Datenreport 2018, so
in den Kosmos jugendlicher Lebenswelt einzuordnen, dass Aussagen
zu kriminogenen Wirkungen hinsichtlich der Eltern-Kind-Beziehung
bzw. der Lehrer-Schüler-Beziehung möglich werden. Es ist insofern
ein Gleichlauf von Familie und Schule, dass sich die jeweilige
Bedeutung und der gesamtgesellschaftliche Stellenwert dieser
Institutionen, insbesondere vor dem Hintergrund einer
Sozialgesellschaft heutiger Prägung und den sich daraus ergebenden
Anforderungen, nicht in der kriminogenen Wirkung erschöpfen. Das
Bezugskriterium der kriminogenen Wirkung kann allenfalls, wie
vorliegend, als Untersuchungsperspektive dienen. Hierbei ist mit Blick
auf die Schule anzufügen, dass die katalysatorische Wirkung als
Projektionsfläche eines Kriminalitätsgefälles gezeigt werden konnte,
welches sich entlang der Schulformen abbildet. Ferner gelang es, die
Verbindung zwischen Jugendkriminalität und Mediennutzung im
Allgemeinen und gewalttätigen Medieninhalten im Besonderen
auszudifferenzieren.

Im anschließenden Schritt der sozialwissenschaftlichen Analyse
konnte mit Elias die bereits im Kontext der theoretischen
Erklärungsmodelle thematisierten Bindungen und Beziehungen in
ihrer Tiefenwirkung als Figurationen zentriert und mit dem Verweis
der eigendynamischen Entwicklung versehen werden, welche sich in
den Bezugsfeldern Familie und Schule über gruppendynamische
Prozesse als Kriminalität materialisiert.

Bourdieu erzeugt mittels seines Sozialraummodells ein Verständnis
dafür, inwiefern sich die Sozialfelder Familie und Schule

unterscheiden und die feldspezifischen Gesetzmäßigkeiten einer Eigenlogik unterworfen sind, die in direktem Zusammenhang mit Statusposition, Macht, habituellem Verhalten und Abgrenzung (Distinktion) stehen. Die Beziehungsnetzwerke wirken in diesem Sinne nicht in erster Linie als protektiver Faktor normgerechten Verhaltens, sondern als Machtmittel im Kampf um eine soziale Position.

In der kriminalpsychologischen Aufarbeitung wird insbesondere auf die frühkindliche Selbstkontrolle sowie auf das Bindungsbedürfnis des jungen Menschen abgezielt und darauf verwiesen, dass sowohl die Selbstkontrolle als auch die frühen Bindungen maßgeblich von den direkten Bezugspersonen beeinflusst werden. Hierdurch wird die Stellung der Familie, bzw. der Eltern, auch aus kriminalpsychologischer Sicht deutlich. Der Befund ist weitergehend dadurch relevant, dass Störungen im System der frühkindlichen Sorge in direkter Übertragung auf das Erwachsenenalter in Form von Kriminalität detektiert werden können. Dies zeigt sich sowohl in Bezug auf Selbstkontrolle als auch auf frühkindlich ausgeprägte Bindungsstörungen.[87] Dementsprechend lässt sich neben der Feststellung der kriminogenen Wirkung von Familie, Schule und des Medienkonsums kriminalpsychologisch auch aufzeigen, dass die kriminalitätsbegünstigenden Eigenschaften der Familie auf die Erwachsenenkriminalität extrapoliert werden können, auch wenn sich die Struktur der Erwachsenenkriminalität nach allgemeinem kriminologischen Kenntnisstand von der der Jugendkriminalität unterscheidet. Die Erwachsenenkriminalität kann tendenziell eher der schwereren Kriminalität zugeordnet werden (vgl. Heinz 2006, S. 20).

---

[87] Sie hierzu die bereits thematisierten Studien von Moffitt et al. (2011a) und Caspi et al. (2016a).

An diesem Punkt soll ergänzt werden, dass die Phänomene Jugendkriminalität und Erwachsenenkriminalität in der kriminologischen Literatur weitestgehend über kriminalstatistische Daten abgeglichen oder in der Lebenslaufforschung kategorisiert werden und ansonsten eine Kontextualisierung der beiden Phänomenbereiche im Allgemeinen nicht zum Gegenstand des kriminologischen Diskurses gehört.[88] Diese Arbeit konnte insoweit Verbindungslinien aufzeigen, als Faktoren frühkindlicher Prägung, die sich Strukturunterschiede der Kriminalität überwindend zunächst als Jugendkriminalität und später auch als Erwachsenenkriminalität manifestieren können. Hinsichtlich des Medienkonsums lässt sich ausführen, dass sich aus der vorliegenden Untersuchung keine Anhaltspunkte dafür ergeben haben, dass die beschriebenen Rezeptionseffekte grundsätzlich nicht auch bei Erwachsenen zur Wirkung kommen. Diese müssen jedoch auch beim Erwachsenen unter den Vorbehalt der psychischen Ausreifung gestellt, bzw. im Lichte des psychischen Zustands, gesehen und bewertet werden. So können die Rezeptionseffekte der Mediennutzung in Abhängigkeit von den bereits thematisierten emotionalen und kognitiven Fähigkeiten sowie dem Bindungsgepräge des inneren und äußeren Halts divergent ausgeprägt sein. Eine generelle Übertragbarkeit, bzw. Verlängerung oder Fortschreibung, im Sinne der hier angesprochenen Extrapolation der kriminogenen Wirkung des Medienkonsums vom Jugendlichen auf den Erwachsenen lässt sich daher nicht darlegen.

Die Institution Polizei wirkt als regulative Kraft im Sozialisationsprozess eines jungen Menschen, da sie sowohl in

---

[88] Beispielhaft kann diese deskriptive Form des Abgleichs bei Heinz (2006, S. 17ff.) oder Stelly und Thomas (2001, S. 129ff. ; S. 193ff.) gezeigt werden. Entsprechende Strukturanalysen sind vielfach den Bezugsdisziplinen zu entnehmen. Siehe hier die psychologischen Arbeiten von Moffitt und Caspi.

repressiver Form mit Bezug auf den Erziehungsgedanken des Jugendstrafrechts agiert, als auch präventiv in verschiedener Weise im Vorfeld tätig wird, um Straftaten zu verhindern. In diesem Kontext wurde das Legalitätsprinzip als zentrale Variable herausgearbeitet und letztlich darauf abgestellt, dass der verschiedentlich aufkommenden und insbesondere im Bereich der Präventivarbeit in Teilen nachvollziehbaren Argumentation um Abmilderung oder Abschaffung der polizeilichen Strafverfolgungspflicht rechtstaatliche und verfahrensrechtliche Überlegungen entgegenzustellen sind, die eine Beibehaltung der Regelung erforderlich machen und der Polizei daher eine Modifikation der Präventionsansätze nahelegen.

8   Fazit

Der Phänomenbereich Jugendkriminalität wurde in dieser Masterarbeit entlang der Sozialisationsinstanzen Familie und Schule, unter Einbindung des Medienkonsums als relevante Ausprägung aktueller gesellschaftlicher Entwicklungen, sowie hinsichtlich der Polizei als Institution formeller Sozialkontrolle und deren Einwirkungsmöglichkeiten und Handlungsnotwendigkeiten kriminologisch untersucht. Die Untersuchungsrichtung konnte einerseits im Verständnis der Sozialisation als Integrationsprozess des Individuums in die Gesellschaft (vgl. Ecarius et al. 2011, S. 9) und andererseits auf der Ebene der wechselbezüglichen Verknüpfungen genetischer Determination und umweltbedingter Einflüsse, in Form sozialer Bindungen, elterlicher Erziehung, schulischer Ausbildung und Medienwirkungen ausgerichtet werden. Auf die anlagebedingten Faktoren wurde mit Moffitt durch die duale Tätertaxonomie oder hinsichtlich des Konzepts der Selbstkontrolle hingewiesen. Aufgrund der thematischen Ausrichtung wurden die biogenetischen Aspekte nicht vertieft angesprochen, wenn auch deren grundsätzliche

Relevanz außer Frage steht.[89] Die Untersuchungsbefunde der einzelnen Teilbereiche weisen der Familie als Institution informeller Sozialkontrolle und der Schule als Institution formeller Sozialkontrolle wesentliche Aufgaben im Sozialisationsprozess zu und zeigen die kriminogenen Wirkungen auf, die hauptsächlich über die Orientierungsfunktion, Bindungsverhältnisse und entwicklungspsychologische Störungen übertragen werden, welche wiederum auch in der kriminogenen Wirkung des Medienkonsums gezeigt werden konnten.

Abschließend sei jedoch auf die „Grenzen erfahrungswissenschaftlicher Realitätserfassung" (Kunz und Singelnstein 2016, S. 58) hingewiesen, die sowohl die in der Arbeit angesprochenen Studienergebnisse empirisch- kriminologischer Forschung als auch die theoretischen Modelle umfassen. Dies kann im Folgenden mit Breuer verdeutlicht werden: „Der Mensch ist ein sehr komplexes Gebilde, das eben nicht mit einem Raster faßbar [sic] ist." (Breuer 1998, S. 81). Diese Masterarbeit versteht sich daher als Interpretationswerkzeug der Jugendkriminalität, indem der kriminologisch-soziologische Erklärungsansatz darauf ausgerichtet ist, „den Versuch zu unternehmen, der *conditio humana* durch Analyse der vielfältigen Maschen im Netz der Beziehungen und Abhängigkeiten zwischen Menschen Sinn zu geben" (Bauman 2000, S. 27).

---

[89] Göppinger (2008, S. 88ff.) zeigt einen Überblick über die medizinisch-psychiatrischen Befunde und deren Zusammenhänge mit der Kriminalität. Die psychischen Störungen als Folge neurobiologischer und genetischer Ursachen werden bei Steiner et al. (2008, S. 13ff.) dargestellt. Zu den biologischen Grundlagen der Kriminalität siehe Suhling und Greve (2010, S. 89ff.).

Literaturverzeichnis

Albrecht, Peter-Alexis (2010): Kriminologie. Eine Grundlegung zum Strafrecht, 4. Aufl., München.

Anhorn, Roland (2011): Von der Gefährlichkeit zum Risiko Zur Genealogie der Lebensphase „Jugend" als soziales Problem, in: Dollinger, Bernd und Schmidt-Semisch, Henning (Hg.): Handbuch Jugendkriminalität. Kriminologie und Sozialpädagogik im Dialog, 2. Aufl., Wiesbaden, S. 23-42.

Antholz, Birger (2017): Der Zusammenhang von Bildung und Kriminalität, in: Thiersch, Hans und Otto, Hans-Uwe (Hg.): Neue Praxis, Zeitschrift für Sozialarbeit, Sozialpädagogik und Sozialpolitik, Nr.1, Lahnstein.

Baier, Dirk, Pfeiffer, Christian, Rabold, Susann, Simonson, Julia und Cathleen Kappes (2010): Kinder und Jugendliche in Deutschland: Gewalt- erfahrungen, Integration, Medienkonsum. Zweiter Bericht zum gemeinsamen Forschungsprojekt des Bundesministeriums des Innern und des KFN, Forschungsbericht Nr. 109, Kriminologisches Forschungsinstitut Niedersachsen e. V. (KFN), [online]

https://kfn.de/wp-content/uploads/Forschungsberichte/FB_109.pdf [01.10.2018].

Baier, Dirk (2014): Sozialräumliche Einflussfaktoren der Jugenddelinquenz. Ergebnisse der kriminologischen Forschung, Fachvortrag vom Berliner Präventionstag 2014, [online] https://www.berlin.de/lb/lkbgg/aktivitaeten/vortrag-praevtag-2014-drbaier.pdf [18.11.2018].

Barlösius, Eva (2004): Kämpfe um soziale Ungleichheit. Machttheoretische Perspektiven, Wiesbaden.

Bartels, Hans-Peter (1995): Einleitung. Eine soziologische Zentraltheorie, in: Menschen in Figurationen. Ein Lesebuch zur Einführung in die Prozeß[sic]- und Figurationssoziologie von Norbert Elias, Opladen, S. 9- 20.

Bauman, Zygmunt (2000): Vom Nutzen der Soziologie, übersetzt von Rochow, Christian, Frankfurt am Main. (Orig.: Thinking Sociologically, Oxford u.a. 1990).

Becker, Günter (2011): Kohlberg und seine Kritiker. Die Aktualität von Kohlbergs Moralpsychologie, Wiesbaden.

Bentrup, Christina (2014): Lernprozesse und Jugenddelinquenz. Eine Längsschnittanalyse delinquenten Handelns aus lerntheoretischer Perspektive. Kriminologie und Kriminalsoziologie, Bd. 14, Münster u.a. (Zugleich Dissertation Universität Bielefeld 2012).

Bidlo, Oliver (2011): Wenn aus Medien Akteure werden, in: Bidlo, Oliver, Englert, Carina-Jasmin und Jo Reichertz (Hg.): Securitainment. Medien als Akteure der Inneren Sicherheit, Wiesbaden, S. 43-55.

Bidlo, Oliver, Englert, Carina-Jasmin und Jo Reichertz (2012): Einleitung: Die neue Bedeutung der Medien, in: Bidlo, Oliver, Englert, Carina-Jasmin und Reichertz, Jo (Hg.): Tat-Ort Medien. Die Medien als Akteure und unterhaltsame Aktivierer, Wiesbaden, S. 1-6.

Bock, Dennis (2018): Strafrecht Allgemeiner Teil, Berlin.

Boeger, Annette (2011): Einführung, in: Boeger, Annette (Hg.): Jugendliche Intensivtäter. Interdisziplinäre Perspektiven, Wiesbaden, S. 7-18.

Boers, Klaus und Reinecke, Jost (2007): Zusammenfassung und Ausblick, in: Boers, Klaus und Reinecke, Jost (Hg.): Delinquenz im Jugendalter. Erkenntnisse einer Münsteraner Längsschnittstudie. Kriminologie und Kriminalsoziologie, Bd. 3, Münster u.a., S. 359-365.

Boers, Klaus (2007): Hauptlinien der kriminologischen Längsschnittforschung, in: Boers, Klaus und Reinecke, Jost (Hg.): Delinquenz im Ju-gendalter. Erkenntnisse einer Münsteraner Längsschnittstudie. Krimi-nologie und Kriminalsoziologie, Bd. 3, Münster u.a., S. 5-40.

Boers, Klaus, Reinecke, Jost, Bentrup, Christina, Kanz, Christina, Kunadt, Susann, Mariotti, Luca, Pöge, Andreas, Pollich, Daniela, Seddig, Daniel, Walburg, Christian und Jochen Wittenberg (2010): Jugendkriminalität – Altersverlauf und Erklärungszusammenhänge. Ergebnisse der Duisburger Verlaufsstudie Kriminalität in der modernen Stadt, in: Neue Kriminalpolitik, Nr. 2, S. 58-66.

Boers, Klaus, Reinecke, Jost, Bentrup, Christina, Daniel, Andreas, Kanz, Kristina-Maria, Schulte, Philipp, Seddig, Daniel, Theimann, Maike, Verneuer, Lena und Christian Walburg (2014): Vom Jugend- zum frühen Erwachsenenalter. Delinquenzverläufe und Erklärungszusammenhänge in der Verlaufsstudie Kriminalität in der modernen Stadt, in: Alb-recht, Hans-Jörg, Remschmidt, Helmut und Stephan Quensel

(Hg.): Monatsschrift für Kriminologie und Strafrechtsreform, Jg. 97,   Nr. 3, Köln, S. 183-202.

Bonfadelli, Heinz und Friemel, Thomas (2017): Medienwirkungsforschung, 6.   Aufl., Konstanz u.a.

Bourdieu, Pierre (1970): Zur Soziologie der symbolischen Formen, 4. Aufl., übersetzt von Fietkau, Wolfgang, Frankfurt am Main.

Bourdieu, Pierre (1973): Kulturelle Reproduktion und soziale Reproduktion, in: Habermas, Jürgen, Henrich, Dieter und Jacob Taubes (Hg.): Theorie, übersetzt von Moldenhauer, Eva, Frankfurt am Main, S. 88-137. (Orig.: Reproduction culturelle et reproduction sociale, Paris 1972).

Bourdieu, Pierre (1985): Sozialer Raum und Klassen. Leçon sur la leçon. Zwei Vorlesungen, übersetzt von Schwibs, Bernd, Frankfurt am Main. (Orig.: Espace social et genèse de classe und Leçon sur la leçon, Frankfurt/Paris 1984/1982).

Bourdieu, Pierre (1987): Die feinen Unterschiede. Kritik der gesellschaftlichen Urteilskraft, übersetzt von Schwibs, Bernd und Russer, Achim, Frankfurt am Main. (Orig.: La distiction, Critique sociale du jugement, Paris 1979).

Bourdieu, Pierre (2001): Das politische Feld. Zur Kritik der politischen Vernunft, in: Schultheis, Franz und Pinto, Louis (Hg.) Klassische und zeitgenössische Texte der französischsprachigen Humanwissenschaften,   Bd. 29, übersetzt von Schmid, Roswitha, Konstanz. (Orig.: Le champ politique, Lyon 2000).

Bourdieu, Pierre (2005): Die verborgenen Mechanismen der Macht. Schriften zu Politik & Kultur 1, hrsg. v. Steinrücke, Margareta, übersetzt von Bolder, Jürgen, Hamburg.

Branahl, Udo (2011): Medien im Strafdiskurs. Ein Beitrag aus der
    Tagung: Wer nicht hören will, muss fühlen? Sinn und Unsinn
    von Strafe in der Reaktion auf Jugendkriminalität Bad Boll,
    13.-15.01.2011, [online]

    https://www.ev-akademie-
    boll.de/fileadmin/res/otg/doku/520112_Brah__nahl.pdf
    [08.07.2018].

Breuer, Toni (1998): Kriminologie als kriminologische Handlungslehre.
    Ein Grundriß[sic] für die Aus- und Fortbildung, Grevenbroich.

Briesen, Detlef und Weinhauer, Klaus (2007): Jugend, Delinquenz und
    gesellschaftlicher Wandel. Bundesrepublik Deutschland und
    USA nach dem Zweiten Weltkrieg. Forschungsstand und
    Forschungsperspektiven, in: Briesen, Detlef, Weinhauer,
    Klaus (Hg.): Jugend, Delinquenz und gesellschaftlicher
    Wandel. Bundesrepublik Deutschland und USA nach dem
    Zweiten Weltkrieg, Essen, S. 13-25.

Broderius, Jens und Ghosh, Shanta (2011): Kriminologische
    Regionalanalyse der Mittelstadt Völklingen. Eine
    Untersuchung zur Erfassung von lokalen
    Lebensverhältnissen und Verunsicherungsstrukturen, [online]

    http://voelklingen.net/fileadmin/dateien/Bericht_Völklin
    gen_21_02_2012-1.pdf [03.10.2018].

Bründel, Heidrun und Hurrelmann, Klaus (1994): Gewalt macht
    Schule. Wie gehen wir mit aggressiven Kindern um?,
    München.

Bundeskriminalamt (2017): Polizeiliche Kriminalstatistik.
    Bundesrepublik Deutschland, Jahrbuch 2017, Band 3,
    Tatverdächtige, [online]

https://www.bka.de/SharedDocs/Down
loads/DE/Publikationen/PolizeilicheKriminalstatistik/2017/pk
s2017Jahr   buch3TV.pdf?__blob=publicationFile&v=2
[06.12.2018].

Bundeskriminalamt (o. J.): Kriminalstatistisch-kriminologische
Analysen und Dunkelfeldforschung, [online]

https://www.bka.de/DE/UnsereAufgaben/Forschung/Forsch
ungsprojek
teUndErgebnisse/Dunkelfeldforschung/dunkelfeldforschung_
node.html   [01.10.2018].

Bundeskriminalamt (2017): Polizeiliche Kriminalstatistik.
Bundesrepublik Deutschland, Jahrbuch 2017, Band 4,
Einzelne Straftaten/-gruppen und ausgewählte Formen der
Kriminalität, [online]

https://www.bka.de/SharedDocs/Down
loads/DE/Publikationen/PolizeilicheKriminalstatistik/2017/pk
s2017Jahrbuch4Einzelne.html [13.10.2018].

Bundesministerium des Innern, für Bau und Heimat (2017): Bericht
zur Polizeilichen Kriminalstatistik 2017, [online]

https://www.bmi.bund.de/SharedDocs/down
loads/DE/publikationen/themen/sicherheit/pks-
2017.pdf?__blob=publi cationFile&v=3 [14.10.2018].

Caspi, Avshalom, Houts, Renate, Belsky, Daniel, Harrington, HonaLee,
Hogan, Sean, Ramrakha, Sandhya, Poulton, Richie und Terrie
Moffitt (2016 a): Childhood forecasting of a small
segment of the population with large economic burden,
in: Human Nature Behaviour, Bd. 1, Nr. 5, S. 1-10.,
[online]

https://www.nature.com/articles/s41562-016-
0005.epdf?no_publis__her_access=1&r3_referer=nature
[10.12.2018].

Caspi, Avshalom, Houts, Renate, Belsky, Daniel, Harrington, Honalee,
Hogan, Sean, Ramrakha, Sandhya, Poulton, Richie und Terrie
Moffitt (2016 b): Supplementary Information, [online]

https://media.nature.com/original/nature-assets/nathumbe
hav/2016/s41562-016-0005/extref/s41562-016-0005-s1.pdf
[10.12.2018].

Cornel, Heinz (2011): Der Erziehungsgedanke im Jugendstrafrecht:
Historische Entwicklungen, in: Dollinger, Bernd und Schmidt-
Semisch, Henning (Hg.): Handbuch Jugendkriminalität.
Kriminologie und Sozialpädagogik im Dialog, 2. Aufl.,
Wiesbaden, S. 455-474.

Deutsches Jugendinstitut. Arbeitsstelle Kinder- und
Jugendkriminalitätsprävention (2018): Zahlen-Daten-Fakten
Jugendgewalt, [online]

https://www.dji.de/fileadmin/user_upload/jugendkriminalita
et/Zahlen-Daten-Fakten-
Jugendgewalt_August_2018.pdf [09.09.2018].

Diekmann, Andreas (2017): Empirische Sozialforschung. Grundlagen,
Methoden, Anwendungen, 11. Aufl., Hamburg.

Dimmel, Nikolaus und Hagen, Johann J. (2005): Strukturen der Gesellschaft. Familie, soziale Kontrolle, Organisation und Politik, Wien.

Dollinger, Bernd und Schabdach, Michael (2013): Jugendkriminalität, Wiesbaden.

Ecarius, Jutta, Eulenbach, Marcel, Fuchs, Thorsten und Katharina Walgenbach (2011): Jugend und Sozialisation, Wiesbaden.

Ehmke, Jenny (2013): Das Konzept der Bindungstheorie und seine Bedeutung für die Soziale Arbeit, Hamburg.

Eifler, Stefanie und Leitgöb, Heinz (2018): Handlungstheoretische Ansätze zur Erklärung von Kriminalität. Eine Darstellung aus der Perspektive der analytischen Soziologie, in: Hermann, Dieter und Pöge, Andreas (Hg.): Kriminalsoziologie. Handbuch für Wissenschaft und Praxis, Baden-Baden, S. 11-37.

Eisenberg, Ulrich und Kölbel, Ralf (2017): Kriminologie, 7. Aufl., Tübingen.

Elias, Norbert (1969): Über den Prozess der Zivilisation. Soziogenetische und Psychogenetische Untersuchungen. Wandlungen der Gesellschaft. Entwurf zu einer Theorie der Zivilisation, Bd. 2, Bern u.a.

Elias, Norbert (1995): Menschen in Figurationen. Ein Lesebuch zur Einführung in die Prozeß[sic]- und Figurationssoziologie von Norbert Elias, Opladen.

Elias, Norbert (2001): Die Gesellschaft der Individuen, in: Blomert, Reinhard, Hammer, Heike, Heilbron, Johan, Treibel, Annette und Nico Wilterdink (Hg.): Norbert Elias Gesammelte Schriften, Bd. 10, Berlin.

Elias, Norbert (2006): Was ist Soziologie, in: Blomert, Reinhard, Hammer, Heike, Heilbron, Johan, Treibel, Annette und Nico Wilterdink (Hg.): Norbert Elias Gesammelte Schriften, Bd. 5, Berlin.

Emig, Olaf (2011): Kooperation von Polizei, Schule, Jugendhilfe und Justiz – Gedanken zu Intensivtätern, neuen Kontrollstrategien und Kriminalisierungstendenzen, in: Dollinger, Bernd und Schmidt-Semisch, Henning (Hg.): Handbuch Jugendkriminalität. Kriminologie und Sozialpädagogik im Dialog, 2. Aufl., Wiesbaden, S. 149-155.

Entorf, Horst und Sieger, Philip (2010): Unzureichende Bildung: Folgekosten durch Kriminalität, Studie im Auftrag der Bertelsmann Stiftung, [online]

https://www.bertelsmann-stiftung.de/fileadmin/files/BSt/Publikationen/GrauePublikationen/GP_Unzureichende_Bildung.pdf 19.11.2018].

Feierabend, Sabine, Plankenhorn, Theresa und Thomas Rathgeb (2017): JIM-Studie 2017 (Jugend, Information, (Multi-) Media. Basisstudie zum Medienumgang 12- bis 19- Jähriger in Deutschland, hrsg. v. Medienpäda- gogischer Forschungsverbund Südwest (mpfs), Stuttgart, [online]

https://www.mpfs.de/fileadmin/files/Studien/JIM/2017/JIM_2017.pdf [24.11.2018].

Floridy, Luciano (2014): The Fourth Revolution. How the Infosphere is Reshaping Human Reality, Oxford.

Fonagy, Peter (2009): Bindungstheorie und Psychoanalyse, 3. Aufl., übersetzt Klostermann, Maren, Stuttgart. (Orig.: Attachment Theory and Psychoanalysis New York 2001).

Förstl, Hans (2012): Theory of Mind: Anfänge und Ausläufer, in: Förstl, Hans (Hg.): Theory of Mind. Neurobiologie und Psychologie sozialen Verhaltens, 2. Aufl., Berlin u.a., S. 3-11.

Frevel, Bernhard (1999): Kriminalität. Gefährdungen der Inneren Sicherheit, Opladen.

Fuchs, Florian (2014): Jung und abgebrüht, [online]

http://www.sueddeutsche.de/muenchen/straffaellige-kinder-jung-und-abgebrueht-1.2085524 [08.07.2018].

Glaser, Daniel (1956): Criminality Theories and Behavioral Images, in: American Journal of Sociology, Bd. 61, Nr. 5, S. 433-444.

Glueck, Eleanor und Glueck, Sheldon (1950): Unraveling Juvenile Delinquency, Cambridge.

Glueck, Eleanor und Glueck, Sheldon (1968): Delinquents and Nondelinquents in Perspective, Cambridge.

Gottfredson, Michael und Hirschi, Travis (1990): A general theory of crime, Stanford.

Göppinger, Hans (2008): Kriminologie, 6. Aufl., München.

Görgen, Thomas und Hunold, Daniela (2015): Hell- und Dunkelfeldforschung, in: Melzer, Wolfgang, Hermann, Dieter, Sandfuchs, Uwe, Schäfer, Mechthild, Schubarth, Wilfried und Peter Daschner (Hg.): Handbuch Aggression, Gewalt und Kriminalität bei Kindern und Jugendlichen, Bad Heilbrunn, S. 84-87.

Greve, Jens, Schnabel, Annette und Rainer Schützeichel (2008): Das
    Makro- Mikro-Makro- Modell der soziologischen Erklärung,
    in: Greve, Jens, Schnabel, Annette und Rainer Schützeichel
    (Hg.): Das Makro-Mikro-Makro- Modell der soziologischen
    Erklärung. Zur Ontologie, Methodologie und Metatheorie
    eines Forschungsprogramms, Wiesbaden, S. 7-17.

Groenemeyer, Axel (2012): Soziologie sozialer Probleme.
    Fragestellungen, Konzepte und theoretische Perspektiven, in:
    Albrecht, Günter und Groenemeyer, Axel (Hg.): Handbuch
    soziale Probleme, 2. Aufl., Wiesbaden, S. 17-116.

Haas, Ute Ingrid (2008): Sprüche der Woche, in: Focus, Jg. 2008, Nr.
    27, o. S., [online]

    https://www.focus.de/politik/deutschland/profile-sprueche-
    der-wo che aid 314774.html [07.08.2018].

Hank, Karsten (2018): Alter, in: Kopp, Johannes und Steinbach, Anja
    (Hg.): Grundbegriffe der Soziologie, 12. Aufl., Wiesbaden, S.
    11-12.

Häßler, Marcel (o. J.): Sozialisation, in: Kriminologie-Lexikon, o. O.,
    [online]

    http://www.krimlex.de/artikel.php?BUCHSTABE=S&KL_ID=17
    2 [19.08.2018].

Hecht, Heiko und Desnizza, Wolfgang (2012): Psychologie als
    empirische Wissenschaft. Essentielle
    wissenschaftstheoretische und historische Grundlagen,
    Berlin u. a .

Heinrich, Bernd (2017): Zum heutigen Stand der Kriminalpolitik, in:
    Kriminalpolitische Zeitschrift (KriPoZ), Jg. 2017, Nr.1, S. 4-20.

Heinz, Wolfgang (2006): Kriminelle Jugendliche – gefährlich oder
gefährdet? Konstanz.

Heinz, Wolfgang (2014): Jugendkriminalität aus
rechtswissenschaftlicher Perspektive: Zahlen und Fakten
sowie jugendstrafrechtliche Rechtsfolgen, Vortrag im
Rahmen des „Buchprojekts Klartext" am 02. Dezem-   ber
2014 Universität Konstanz, [online]

http://www.uni-
konstanz.de/rtf/kik/Heinz_Jugendkriminalitaet-Zahlen-
Fakten-Rechtsfolgen.pdf [15.09.2018].

Heinz, Wolfgang (2015): Kriminalität und Kriminalitätskontrolle in
Deutschland– Berichtsstand 2015 im Überblick. Stand:
Berichtsjahr 2015; Version: 1/2017, [online]

http://www.uni-
konstanz.de/rtf/kis/Kriminalitaet_und_Kriminalitaetskon
trolle_in_Deutschland_Stand_2015.pdf [02.09.2018].

Heinz, Wolfgang (2016): Jugendkriminalität- Zahlen und Fakten.
Internetpräsenz der Bundeszentrale für politische Bildung,
[online]

http://www.bpb.de/politik/innenpolitik/gangsterlaeufer/203
562/zahlen-und-fakten?p=0 [15.07.2018].

Hermann, Dieter (2003): Werte und Kriminalität. Konzeption einer
allgemeinen Kriminalitätstheorie, Wiesbaden.

Herpertz, Sabine (2001): Impulsivität und Persönlichkeit. Zum
Problem der Impulskontrollstörungen, Stuttgart u. a.

Hestermann, Thomas (2018): Jugendkriminalität in den Medien:
Opfer, Dämonen und die Mediatisierung der Gewalt, in:

Dollinger, Bernd und   Schmidt-Semisch, Henning (Hg.):
Handbuch Jugendkriminalität. Inter-   disziplinäre
Perspektiven, 3. Aufl., Wiesbaden, S. 67-85.

Hirschi, Travis (1969): Causes of Delinquency, Berkeley u. a.

Hobbes, Thomas (2006): Leviathan oder Stoff, Form und Gewalt eines
kirchlichen und bürgerlichen Staates, hrsg. v. Fetscher, Iring,
übersetzt von   Euchner, Walter, Frankfurt a. Main. (Orig.:
Leviathan or the matter, form   and power of a
commonwealth ecclesiastical and civil, London 1651).

Holm, Kerstin (2008): Eine Generation von Monsterkindern, [online]

http://www.faz.net/aktuell/feuilleton/jugendkriminalitaet-in-russland-eine-generation-von-monsterkindern-1511918.html
[08.07.2018].

Hurrelmann, Klaus und Bauer, Ullrich (2018): Einführung in die
Sozialisationstheorie. Das Modell der produktiven
Realitätsverarbeitung, 12. Aufl., Weinheim u.a.

Internetpräsentation des Landes Rheinland-Pfalz (o. J.): Häuser des
Jugend rechts, [online]

https://jm.rlp.de/de/themen/jugendstrafrecht/haeuser-des-jugendrechts/ [15.12. 2018].

Internetpräsenz der Universität Münster (2018): Kooperative
Sicherheitspolitik in der Stadt (KoSiPol), [online]

https://www.uni-muenster.de/IfPol/forschen/regieren/kosipol.html#k1
[31.08.2018].

Internetpräsenz der Universität Konstanz (2018): Zur Person von Wolfgang Heinz, [online] https://www.jura.uni-konstanz.de/heinz/zur-person/ [18.07.2018].

Internetpräsenz der Ruhr- Universität-Bochum (o. J.): So sicher fühlen sich die Bürger einer Großstadt, [online] http://news.rub.de/wissenschaft/2016-08-23-kriminologie-so-sicher-fuehlen-sich-die-buerger-einer-grossstadt [01.10.2018].

Jung, Heike (2007): Kriminalsoziologie, 2. Aufl., Baden-Baden.

Jurt, Joseph (2010): Die Habitus-Theorie von Pierre Bourdieu, in: Müller-Kampel, Beatrix und Kuzmics, Helmut (Hg.): Zeitschrift für Literatur und Theatersoziologie, Jg. 2010, Nr. 3, Graz, S. 5-17, [online] http://lithes.uni-graz.at/lithes/beitraege10_03/heft_3_gesamt.pdf [08.12.2018].

Kanz, Kristina Maria (2014): Medienkonsum und Delinquenz. Panelanalysen zu den Wirkungen des Gewaltmedienkonsums von Jugendlichen. Kriminologie und Kriminalsoziologie, Bd. 12, Münster u.a. (Zugleich Dissertation Universität Münster 2013).

Klimke, Daniela und Legnaro, Aldo (2016): Kriminologische Grundlagentexte, Wiesbaden.

Knepper, Paul und Ystehede, Per (2013): The Cesare Lombroso Handbook, Abingdon u. a.

Kohlberg, Lawrence (1994): The Development of Modes of Moral Thinking and Choice in the Years 10 to 16, in: Puka, Bill (Hg.): Kohlberg´s Original Study of Moral Development, Bd. 3, New York u.a.

Korte, Herrmann (2013): Über Norbert Elias. Das Werden eines Menschenwissenschaftlers, 3. Aufl., Wiesbaden.

Kriminalistisch-Kriminologische-Forschungsstelle des Landeskriminalamts Nordrhein-Westfalen (2006): Das Anzeigeverhalten von Kriminalitätsopfern. Einflussfaktoren pro und contra Strafanzeige, [online] https://polizei.nrw/sites/default/files/2016-11/Anzeigeverhalten.pdf [03.10.2018].

Kunczik, Michael (2017): Medien und Gewalt. Überblick über den aktuellen Stand der Forschung und der Theoriediskussion, Wiesbaden.

Kunz, Karl-Ludwig und Singelnstein, Tobias (2016): Kriminologie. Eine Grundlegung, 7. Aufl., Bern.

Kury, Helmut (2010): Entwicklungslinien und zentrale Befunde der Viktimologie, in: Hartmann, Jutta (Hg.): Perspektiven professioneller Opferhilfe. Theorie und Praxis eines interdisziplinären Handlungsfelds, Wiesbaden, S. 51-72.

Kühnel, Wolfgang und Matuschek, Ingo (1995): Gruppenprozesse und Devianz. Risiken jugendlicher Lebensbewältigung in großstädtischen Monokulturen, Weinheim u.a.

Laub, John H. und Sampson, Robert J. (2003): Shared Beginnings, Divergent Lives. Delinquent Boys to Age 70, Cambridge u. a.

Laubenthal, Klaus (2015): Strafvollzug, 7. Aufl., Heidelberg u. a.

Laue, Christian (2015): Die Anlage-Umwelt-Debatte in der
    Kriminologie, in: Melzer, Wolfgang, Hermann, Dieter,
    Sandfuchs, Uwe, Schäfer, Mechthild, Schubarth,
    Wilfried und Peter Daschner (Hg.): Handbuch Aggression,
    Gewalt und Kriminalität bei Kindern und Jugendlichen, Bad
    Heilbrunn, S. 81-84.

Lemert, Edwin M. (1951): Social pathology: a systematic approach to
    the theory of Sociopathic behavior, New York u.a.

Lüdemann, Christian und Ohlemacher, Thomas (2002): Soziologie der
    Kriminalität. Theoretische und empirische Perspektiven,
    Weinheim u.a.

Matzke, Michael, Schramm, Christian (2008): Legalitätsprinzip aus
    juristischer Sicht und Bedeutung für die Jugendhilfe, [online]

    https://www.stiftung-
    spi.de/fileadmin/user_upload/Dokumente/veroef
    fentlichungen/srup_lebenslagen/clearingstelle_infoblatt_47.
    Pdf [16.12.2018].

Meinert, Julia (2016): Methodik der Studie, in: Reinecke, Jost,
    Stemmler, Mark und Jochen Wittenberg (Hg.): Devianz und
    Delinquenz im Kindes- und Jugendalter.
    Ungleichheitsdimensionen und Risikofaktoren, Wiesbaden,
    S. 13-26.

Menne, Jonas (2017): Lombroso redivivus? Biowissenschaften,
    Kriminologie und Kriminalpolitik von 1876 bis in die
    Gegenwart, Tübingen.

Miesner, Christian (2012): Jugendkriminalität – Tatsachen und
    öffentliche Wahrnehmung, [online]

http://www.bpb.de/politik/innenpolitik/innere-sicherheit/77562/jugendkriminalitaet?p=all   [31.08.2018].

Miller, Walter (1958): Lower Class Culture as a Generating Milieu of Gang Delinquency, in: Journal of Social Issues, Jg. 14, Bd. 3, Hoboken u.a., S. 5-19.

Moffitt, Terrie (1993): Adolescene-Limited and Life-Course-Persistent Antisocial Behavior: A Developmental Taxonomy, in: Psychological Review,   Jg. 100, Nr. 4, S. 674-701.

Moffitt, Terrie (2006): A Review of Research on the Taxonomy of Life-Course Persistent Versus Adolescence-Limited Antisocial Behaviour, in: Flannery, Daniel, Vazonsyi, Alexander und Irwin Waldmann (Hg.): The Cambridge Handbook of Violent Behaviour, New York, S. 49-74.

Moffitt, Terrie, Arseneault, Louise, Belsky, Daniel, Dickson, Nigel, Hancox, Robert, Harrington, HonaLee, Houts, Renate, Poulton, Richie, Roberts, Brent, Ross, Stephen, Sears, Malcolm, Thomson, Murray und Avshalom Caspi (2011 a): A gradient of childhood self-control predicts health, wealth and public safety, in: Proceedings of the National   Academy of Sciences (PNAS), Bd. 8, Nr. 7, S. 2693-2698, [online]

https://www.pnas.org/content/pnas/108/7/2693.full.pdf [10.12.2018].

Moffitt, Terrie, Arseneault, Louise, Belsky, Daniel, Dickson, Nigel, Hancox, Robert, Harrington, HonaLee, Houts, Renate, Poulton, Richie, Roberts, Brent, Ross, Stephen, Sears, Malcolm, Thomson, Murray und Avshalom Caspi (2011 b): Supplemental Information. Self-Control, health, Wealth, and Public Safety, [online] https://www.pnas.org/con tent/pnas/suppl/2011/01/21/1010076108.DCSupplemental/s app.pdf [10.12.2018].

Möhring, Peter (2014): Verbrecher, Bürger und das Unbewusste. Kriminologie mit psychoanalytischem Blick, Gießen.

Müller, Hans-Peter (2014): Pierre Bourdieu. Eine systematische Einführung, Berlin.

Nave-Herz, Rosemarie (2002): Einführung, in: Nave-Herz, Rosemarie (Hg.): Kontinuität und Wandel der Familie in Deutschland. Eine zeitgeschichtliche Analyse, Stuttgart, S. 1-6.

Pfeiffer, Christian, Baier, Dirk und Sören Kliem (2018): Zur Entwicklung der Gewalt in Deutschland. Schwerpunkte: Jugendliche und Flüchtlinge als Täter und Opfer. Gutachten im Auftrag des Bundesministeriums für Familie, Senioren, Frauen und Jugend.

Pfeiffer, Christian, Baier, Dirk und Sören Kliem (o. J.): Zur Entwicklung der Gewalt in Deutschland. Schwerpunkte: Jugendliche und Flüchtlinge. Zentrale Befunde eines Gutachtens im Auftrag des Bundesministeriums für Familie, Senioren, Frauen und Jugend (BMFSFJ), [online] https://www.bmfsfj.de/blob/121228/411549637983e561bd4 71293be37   d326/zentrale-befunde-des-gutachtens-zur-

entwicklung-der-gewalt-in-deutschland--data.pdf
[13.10.2018].

Piaget, Jean (1981): Jean Piaget über Jean Piaget. Sein Werk aus
seiner   Sicht, übersetzt von: Kober, Hainer , München. (Orig.:
New York 1970).

Podbregar, Nadja (2016): Die Wurzeln liegen in der Kindheit, in:
Wissenschaft.de, [online]

https://www.wissenschaft.de/geschichte-archaeologie/die-
wurzeln-liegen-in-der-kindheit/ [11.11.2018].

Pospiech, Ulrike (2017): Wie schreibt man wissenschaftliche
Arbeiten? Von der Themenfindung bis zur Abgabe, Berlin.

Pöge, Alina (2007): Klassifikationen und Verläufe delinquenten
Verhaltens. Eine Untersuchung Münsteraner Jugendlicher.
Kriminologie und Kriminalsoziologie, Bd. 4, Münster u.a.
(Zugleich Dissertation Universität Trier 2007).

Pöge, Andreas und Wittenberg, Jochen (2007): Untersuchungsdesign
und Stichproben der Münsteraner Schülerbefragungen, in:
Boers, Klaus und Reinecke, Jost (Hg.): Delinquenz im
Jugendalter. Erkenntnisse einer Münsteraner
Längsschnittstudie. Kriminologie und Kriminalsoziologie,
Bd. 3, Münster u. a., S. 57-74.

Prätor, Susann (2015): Ziele und Methoden der Dunkelfeldforschung.
Ein Überblick mit Schwerpunkt auf Dunkelfeldbefragungen im
Bereich der Jugenddelinquenz, in: Eifler Stefanie und Pollich,
Daniela (Hg.): Empirische Forschung über Kriminalität.
Methodologische und methodische Grundlagen, Wiesbaden,
S. 31-65.

Prokop, Andreas (2016): Gewalt und Mimikry. Vom frühen Trauma zum Amoklauf, Wiesbaden (zugleich Dissertation Universität Hamburg 2015).

Reichertz, Jo (2011): Die Medien als Akteure für mehr Innere Sicherheit, in: Bidlo, Oliver, Englert, Carina-Jasmin und Reichert, Jo (Hg.): Securitainment. Medien als Akteure der Inneren Sicherheit, Wiesbaden, S. 11-42.

Reineck, Dennis (2018): Die soziale Konstruktion journalistischer Qualität. Fachdiskurs, Theorie, Empirie, Köln.

Ricking, Heinrich und Speck, Karsten (2018): Einleitung, in: Ricking, Heinrich und Speck, Karsten (Hg.): Schulabsentismus und Eltern, Wiesbaden.

Sachse, Rainer (2019): Persönlichkeitsstörungen. Leitfaden für die Psychologische Psychotherapie, 3. Aufl., Göttingen.

Sack, Fritz (2011): Symbolische Kriminalpolitik und wachsende Punitivität, in: Dollinger, Bernd und Schmidt-Semisch, Henning (Hg.): Handbuch Jugendkriminalität. Kriminologie und Sozialpädagogik im Dialog, 2. Aufl., Wiesbaden, S. 63-89.

Sampson, Robert J. und Laub, John H. (1993): Crime in the Making: Pathways and Turning Points Through Life, Cambridge.

Schade, Edzard (2004): Indikatoren für die Medialisierungsforschung: Konzepte von Wirklichkeitskonstruktion als Bausteine der Mediengesellschaft, in: Imhof, Kurt, Blum, Roger, Bonfadelli, Heinz und Otfried Jarren (Hg.): Mediengesellschaft. Strukturen, Merkmale, Entwicklungsdynamiken, Wiesbaden, S. 114 – 138.

Schenke, Wolf-Rüdiger, Schenke, Ralf Peter (2018): Polizei- und
    Ordnungsrecht, in: Steiner, Udo, Brinktrine, Ralf (Hg.):
    Besonderes Verwaltungsrecht, 9. Aufl., Heidelberg, S. 147-
    360.

Schenke, Wolf-Rüdiger (2018): Polizei- und Ordnungsrecht, 10. Aufl.,
    Heidelberg.

Scherr, Albert (2009): Jugendsoziologie. Einführung in die Grundlagen
    und Theorien, 9. Aufl., Wiesbaden.

Schmidt, Siegfried (1994): Die Wirklichkeit des Beobachters, in:
    Merten, Klaus, Schmidt, Siegfried und Siegfried
    Weischenberg (Hg.): Die Wirklichkeit   der Medien. Eine
    Einführung in die Kommunikationswissenschaft, 1994, S. 3–
    19.

Scholz, Christian (2006): Handbuch Medienmanagement, Berlin u.a.

Schulz, Felix (o. J.): Jugendkriminalität, in: Kriminologie-Lexikon, o. O.,
    [online]
    http://www.krimlex.de/artikel.php?BUCHSTABE=J&KL_ID=93
    [25.08.2018].

Schülein, Johann August und Brunner, Karl-Michael (1994):
    Soziologische Theorien. Eine Einführung für Amateure, Wien
    u. a.

Schuster, Beate, Kuhn, Hans-Peter und Harald Uhlendorff (2005):
    Entwicklung in sozialen Beziehungen – ein
    entwicklungspsychologisch-sozialisastionstheoretischer
    Ansatz von James Youniss, in: Schuster, Beate, Kuhn, Hans-
    Peter und Harald Uhlendorff (Hg.): Entwicklung in sozialen
    Beziehungen. Heranwachsende in ihrer Auseinandersetzung
    mit Familie, Freunden und Gesellschaft, Stuttgart, S. 3-9.

Schwind, Hans-Dieter (2016): Kriminologie und Kriminalpolitik. Eine praxisorientierte Einführung mit Beispielen, 23. Aufl., Heidelberg.

Serafin, Marc (2018): Delinquenz-Verläufe im Jugendalter. Auswirkung von Labeling und Exklusion, Wiesbaden (zugleich Dissertation Universität Köln 2017).

Smaus, Gerlinda (1985): Das Strafrecht und die Kriminalität in der Alltagssprache der deutschen Bevölkerung, Wiesbaden.

Sonnen, Bernd-Rüdeger (2015): Einleitung: Jugendstrafrecht – aktuell, in: Diemer, Herbert, Schatz, Holger und Bernd-Rüdeger Sonnen (Hg.): Jugendgerichtsgesetz mit Strafvollzugsgesetzen, 7. Aufl., Heidelberg, S. 3-30.

Sonnen, Bernd-Rüdeger (2011): Neuere Interventionsformen im Jugendstrafrecht, in: Dollinger, Bernd und Schmidt-Semisch, Henning (Hg.): Handbuch Jugendkriminalität. Kriminologie und Sozialpädagogik im Dialog, 2. Aufl., Wiesbaden, S. 483-492.

Stadler, Lena, Bieneck, Steffen und Christian Pfeiffer (2012): Repräsentativ- befragung Sexueller Missbrauch 2011, Forschungsbericht Nr. 118, Kri- minologisches Forschungsinstitut Niedersachsen e. V. (KFN), [online] https://kfn.de/wp-content/uploads/Forschungsberichte/FB_118.pdf [03.10.2018].

Statistisches Bundesamt (2018): Datenreport 2018. Sozialbericht für Deutschland, [online]

https://www.desta
tis.de/DE/Publikationen/Datenreport/Datenreport.html
[16.11.2018].

Steffen, Wiebke (2015): Gutachten für den 19. Deutschen Präventionstag: Prävention braucht Praxis, Politik und Wissenschaft, in: Marks, Erich, Steffen, Wiebke (Hg.): Prävention braucht Praxis, Politik und Wissenschaft. Ausgewählte Beiträge des 19. Deutschen Präventionstages 2014, Mönchengladbach, S. 53-147.

Steinböck, Herbert (2012): Kriminalität – Theory of Mind außer Kraft?, in: Förstl, Hans (Hg.): Theory of Mind. Neurobiologie und Psychologie sozialen Verhaltens, 2. Aufl., Berlin u. a., S. 263-272.

Steiner, Hans, Karnik, Niranjan, Plattner, Belinda, Silvermann, Melissa und Richard Shaw (2008): Neue Ansätze zur Jugenddelinquenz: Neurowissenschaften und Entwicklungspsychiatrie, in: Steinhausen Hans-Christoph, Bessler, Cornelia (Hg.): Jugenddelinquenz. Entwicklungspsychiatrische und forensische Grundlagen und Praxis, Stuttgart, S. 13-26.

Stelly, Wolfgang und Thomas, Jürgen (2001): Einmal Verbrecher – immer Verbrecher?, Wiesbaden.

Stelly, Wolfgang und Thomas, Jürgen (2004): Wege aus schwerer Jugendkriminalität, Tübingen.

Stone, Michael (2017): Epidemiologie und Verlauf Antisozialer Persönlichkeitsstörungen, in: Dulz, Birger, Briken, Peer, Kernberg, Otto und Udo Rauchfleisch (Hg.): Handbuch der Antisozialen Persönlichkeitsstörung, Stuttgart.

Streng, Franz (2012): Jugendstrafrecht, 3. Aufl., Heidelberg u.a.

Sutherland, Edwin H. und Cressey, Donald R. (1970): Criminology, 8. Aufl., Philadelphia u.a.

Suhling, Stefan und Greve, Werner (2010): Kriminalpsychologie kompakt, Weinheim u.a.

Tajfel, Henri (1981): Human groups and social categories. Studies in socialpsychology, Cambridge u.a.

Thomas, Jürgen (2015): Kriminalität im Lebenslauf, in: Melzer, Wolfgang, Her- mann, Dieter, Sandfuchs, Uwe, Schäfer, Mechthild, Schubarth, Wilfried und Peter Daschner (Hg.): Handbuch Aggression, Gewalt und Kriminalität bei Kindern und Jugendlichen, Bad Heilbrunn, S. 47-50.

Treibel, Annette (2006): Einführung in soziologische Theorien der Gegenwart, 7. Aufl., Wiesbaden.

Vollbrecht, Ralf (2015): Medien und Gewalt, in: Melzer, Wolfgang, Hermann, Dieter, Sandfuchs, Uwe, Schäfer, Mechthild, Schubarth, Wilfried und Peter Daschner (Hg.):   Handbuch Aggression, Gewalt und Kriminalität bei Kindern und Jugendlichen, Bad Heilbrunn, S. 72-76.

Wedekind, Olaf (2017): Jugendliche Intensivtäter immer gefährlicher!, [online]

https://www.bild.de/regional/berlin/jugendkriminalitaet/jugendliche-intensivtaeter-immer-gefaehrlicher-54082244.bild.html [08.07.2018].

Weiler, Julia (2016): Kriminologie. So sicher fühlen sich die Bürger einer Stadt, in: RUBIN Wissenschaftsmagazin, Jg. 2016, Nr. 2, S. 58-60.

Weiss, Maren und Pöge, Andreas (2016): Freizeit und
        Mediennutzung, in: Reinecke, Jost, Stemmler, Mark und
        Jochen Wittenberg (Hg.): Devianz und Delinquenz im Kindes-
        und Jugendalter. Ungleichheitsdimensionen und
        Risikofaktoren, Wiesbaden, S.117-132.

Wickert, Christian (2018): Age Graded Theory/ Turning Points
        (Sampson und   Laub), [online]

        https://soztheo.de/kriminalitaetstheorien/karriere-
        entwicklung-lebenslauf/age-graded-theory-turning-points-
        sampson-and-laub/ [21.01.2019].

Wöller, Wolfgang (2013): Trauma und Persönlichkeitsstörungen.
        Ressourcenbasierte Psychodynamische Therapie (RPT)
        traumabedingter Persönlichkeitsstörungen, 2. Aufl., Stuttgart.

Wustmann, Corina (2004): Resilienz. Widerstandsfähigkeit von
        Kindern in Tageseinrichtungen fördern, Weinheim u. a.

Ziegenhain, Ute, Fegert, Jörg, und Eva Möhler (2012): Infant
        Psychiatry frühe Eltern-Kind-Interaktion, in: Fegert, Jörg,
        Eggers, Christian und Franz Resch (Hg.): Psychiatrie und
        Psychotherapie des Kindes- und Jugendalters, 2. Aufl., Berlin
        u. a., S. 949-957.

9   Anhang

9.1   Abbildungsverzeichnis